... damit das Kind nicht in den Brunnen fällt!

Heinz Jörgen Franz
Rudolf Lumpp
(Hrsg.)

... damit das Kind nicht in den Brunnen fällt!

Aspekte zeitgemäßer Suchtprävention

PETER LANG

Frankfurt am Main · Berlin · Bern · Bruxelles · New York · Wien

Die Deutsche Bibliothek - CIP-Einheitsaufnahme

... damit das Kind nicht in den Brunnen fällt! : Aspekte
zeitgemäßer Suchtprävention / Heinz Jörgen Franz ; Rudolf
Lumpp (Hrsg.). - Frankfurt am Main ; Berlin ; Bern ; Bruxelles ;
New York ; Wien : Lang, 2000
ISBN 3-631-35864-4

ISBN 3-631-35864-4

© Peter Lang GmbH
Europäischer Verlag der Wissenschaften
Frankfurt am Main 2000
Alle Rechte vorbehalten.

„Eine ernstgemeinte Prävention kann sich nicht darauf beschränken, Einzelpersonen zu beraten oder zu stützen. Sie muß auch auf gesellschaftliche Verhältnisse hinwirken, die den Konsum- und Leistungsdruck abbauen und das Atmen leichter machen. Es kann ja – bildlich gesprochen – nicht einfach darum gehen, Bäume zu züchten, die den bestehenden Umweltbelastungen standhalten."

Urs Boller: Tüchtige und Süchtige, Zürich: Theol. Verlag 1995, S. 129.

Inhaltsverzeichnis

Vorwort   4

Soziale Unterstützung als Gesundheitsförderung und Prävention –
Zur Bedeutung der kontextuellen Ressource im Bewältigungsprozeß
Heinz Jörgen Franz   6

Sucht- und Drogenvorbeugung im Jugendalter – Präventives Handeln
im Rahmen der Sozialisationstheorie
Heinz Jörgen Franz   23

Sucht und Familie – Rollenverteilung und Kommunikationsstrukturen
Hermann Rothenbacher   46

Schule als Lebensraum – Dimensionen von Gesundheitsförderung und
Suchtprävention
Heinz Jörgen Franz   60

„Ich bin ein toller Typ, aber ich bin nicht immer gut drauf" –
Grundlagen und Durchführung eines Curriculums zur Suchtprävention
Rudolf Lumpp   80

Ist Suchtprävention im Raum der Schule möglich?
Heinz Jörgen Franz   100

Lebenskompetenzprogramme zur Suchtprävention an Schulen
Ralph Kutza   113

Punktabstinenz durch Belohnung bei jugendlichen Rauchern –
Projektbericht über einen neuen Ansatz im Bereich der sekundären
Prävention
Rudolf Lumpp   124

Vorwort

Die Folgen mißbräuchlicher Anwendung von Suchtmitteln – auch der sogenannten legalen Drogen Alkohol, Nikotin und psychotrope Arzneimittel – sind in unserer Gesellschaft nicht zu übersehen. Drogenkonsum und Beschaffungskriminalität sowie die Zerstörung von Gesundheit und Lebenschancen gehören zur Alltagswirklichkeit. Auch Kinder und junge Menschen sind betroffen.

Diese gesamtgesellschaftlichen Herausforderungen werden durchaus erkannt und haben zu vielfältigen Reaktionen – wenn auch nicht immer erfolgreichen – geführt. Dies mag u.a. in der Antinomie von sozialer Akzeptanz des Gebrauchs sog. legaler psychoaktiver Substanzen und der Ächtung daraus resultierender Auffälligkeiten begründet liegen. So lange kein dissoziales Verhalten feststellbar ist, wird der Konsum durchaus akzeptiert.

Was die Frage der Ursachen, Funktionen und Motive des Suchtmittelkonsums einschließlich der damit eng verknüpften Abhängigkeitsproblematik anlangt, so liegt eine Fülle von neueren Untersuchungen zu diesen Themen vor. In der Fachliteratur finden sich allerdings unterschiedliche Erklärungsansätze. Eine widerspruchsfreie Theorie der Suchtentstehung konnte bislang nicht vorgelegt werden. Sucht ist ein Konstrukt, das nur idealtypisch in modellhafter Annäherung erklärt werden kann.

Seit Jahren wird versucht, das Problem des Suchtmittelmißbrauchs durch Entwicklung unterschiedlicher Präventionskonzepte zu bewältigen. Neben Strategien auf der politischen Ebene ist auch die Institution Schule in der Verantwortung. Anzumerken gilt freilich, daß der Gegenstand „Suchtprävention" ein völlig ungeeigneter Austragungsort für politische und weltanschauliche Querelen ist. Jeglicher Rigorismus ist eher von Nachteil für die präventive Sache. Suchtverhalten ist durchaus auch „normaler" Bestandteil des menschlichen Verhaltensrepertoires.

Gerade in jüngster Zeit ist die Forderung wieder in das öffentliche Bewußtsein gerückt, daß Vorbeugung gegen Sucht- und Drogenabhängigkeit einen größeren Stellenwert als bisher einnehmen muß. Angesichts des anhaltenden Suchtmittelkonsums machte sich das Gefühl breit, die seit Jahren betriebene Drogenaufklärung habe versagt. Dieser fachlich wirkungslose präventive Ansatz, weil stofforientiert, hat zur Schaffung und Zementierung falscher Mythen und Dogmen zur Suchtentwicklung beigetragen. Eine besondere Gefahr liegt auch in der begrifflichen Vermischung von „Prävention" und „Therapie".

Die derzeit sich abzeichnende Neuorientierung von Suchtprävention ist in der positiven Unterstützung von Kindern und jungen Menschen sowie in der Förderung von Entwicklungs- und Lebenschancen angesiedelt.

Der Schwerpunkt primärpräventiver Arbeit liegt heute in der Stärkung lebensbejahender Kräfte, im Vermitteln einer offenen Kommunikation über die vielfältigen Faktoren, die zu einer Suchtentwicklung beitragen können und im Fördern von Strukturen, die gesundes Leben ermöglichen. Es geht auch darum, Unterstützung und Hilfen zur Lebensbewältigung anzubieten.

Diese Aufgabe kann zunächst an Spezialisten und Professionelle delegiert werden. Sie können individuelle und strukturelle Aktionen anregen und Impulse für solche Maßnahmen geben. Diese können sich auf das direkte Lebensumfeld von Menschen beziehen, auf die Situation am Arbeitsplatz oder auf die schulische Umwelt.

Es muß aber auch betont werden, daß sich die Gesellschaft als Ganzes ihrer Verantwortung bewußt werden muß. Auch sie ist gefordert und muß Maßnahmen ergreifen, die in allen Lebensbereichen wirksam werden.

Gerade an den schwächsten Gliedern der Gesellschaft, das sind in diesem Falle Kinder und junge Menschen, zeigen sich Symptome, die aus der Auseinandersetzung mit Problemen der heutigen Zeit resultieren. Sie werden zum Symptomträgern einer umfassenden Problematik.

In einer neueren Studie zum Thema „Jugend und Gesundheit" findet sich folgende erhellende Formulierung: „Kinder und Jugendliche sind gesundheitliche ‚Seismographen': Sie spiegeln in ihrer Befindlichkeit die sozialen, ökonomischen, ökologischen, kulturellen und politischen Befindlichkeiten in der ganzen Gesellschaft wider. Sie zeigen uns spontan und unverstellt, wie ihre Lebenswelt und ihre Umwelt auf sie wirken und wo sie diese Umwelt herausfordert und überfordert."[1]

Der vorliegende Band möchte den Stand der Bemühungen im Bereich der Suchtprävention aufzeigen und bilanzieren. Zudem soll ein Beitrag dazu geleistet werden, die Hintergründe der Suchtproblematik zu verstehen.

Die Gestaltung des Manuskripts hat Frau Vera Fuchs von der Forschungsstelle für politisch-gesellschaftliche Erziehung und Arbeitslehre an der Pädagogischen Hochschule Weingarten mit viel Sachverstand übernommen. Ihr soll an dieser Stelle herzlich gedankt werden.

Weingarten und Karlsruhe, im August 1999

Dr. Heinz Jörgen Franz   Rudolf Lumpp

---

[1] Kolip/Hurrelmann/Schnabel (Hrsg.): Jugend und Gesundheit. Weinheim/München 1995, S. 16.

Heinz Jörgen Franz

Soziale Unterstützung als Gesundheitsförderung und Prävention - Zur Bedeutung der kontextuellen Ressource im Bewältigungsprozeß

1. Vorbemerkung

Dieser Beitrag beschäftigt sich vornehmlich mit einigen Aspekten des Themas, welche Rolle „sozialer Unterstützung" (social support) für Gesunderhaltung und Krankheitsbewältigung zugeschrieben wird. Hintergrund der Überlegungen stellen Ergebnisse der sozialwissenschaftlichen Gesundheitsforschung dar, die die Frage nach den Schutzfaktoren, konkret „warum jemand gesund bleibt" in den Mittelpunkt ihres Interesses rückt.

Es wird deutlich, daß sich bei der Suche nach den Ursachen für Gesundheit auch Umrisse einer sozialen Prävention abzeichnen, die nicht nur das Verhalten des einzelnen Individuums betrachtet, sondern vor allem das Netz seiner sozialen Beziehungen im Blickpunkt hat.

2. Kurze theoretische Fundierung

In den letzten Jahren zeigt sich in der Bundesrepublik ein großes Interesse an der Frage, welche sozialen und psychischen Ursachen Gesundheit und Krankheit bedingen.[1] Die sozialwissenschaftliche Forschung konnte dabei an Fragestellungen, Konzepte und Ergebnisse, die vor allem in den angelsächsischen Ländern entwickelt worden waren, anknüpfen.[2] Die zwischenzeitlich erfolgte Entwicklung eines sozialepidemiologischen Modells[3] von Gesundheit und Krankheit ist für das Verständnis und die Wirkweise von sozialen Einflußfaktoren von grundlegender Bedeutung.

Dieses heuristische Modell ist Ergebnis des Versuchs, die Fülle der bisher gefundenen sozialen Faktoren, denen für Krankheitsentstehung bzw. -verhinderung ein Einfluß zugeschrieben wird, zu integrieren. Der Entstehungsprozeß wird in diesem Modell als primär sozial bedingter Karriereprozeß konzipiert und verstanden.[4] Damit rückt die vordem nahezu völlige Vernachlässigung der Mensch-Umwelt-Beziehung und ihrer psychosozialen Implikationen neu in den Blickpunkt der Betrachtung.

Diese Sichtweise ist um so verständlicher, je mehr die Gesundheitsstatistiken beherrscht werden von gesellschaftlich verursachten Leiden und Todesursachen wie Herz-Kreislaufkrankheiten, Krebs, Depression, Alkohol-, Drogen- und Medikamentensucht usw.

Das sozialepidemiologische Modell von Gesundheit und Krankheit bietet einen theoretischen Rahmen, der für Gesundheitsförderung und Gesundheitserziehung wichtige Zusammenhänge zwischen Lebensbedingungen und Gesundheitschancen aufzeigt und thematisiert. Es ist für das Verständnis präventiver Maßnahmen insofern von grundlegender Bedeutung, als in ihm auf einige zentrale Bestimmungsstücke einer lebensweltlichen Prävention verwiesen wird.

Freilich darf in diesem Zusammenhang nicht unerwähnt bleiben, daß einige der im sozialepidemiologischen Erklärungsmodell erwähnten Kausalzusammenhänge noch unzureichend erforscht sind, und daß das theoretische und faktische Wissen teilweise noch lückenhaft ist.[5] Andererseits wird deutlich, daß das Konzept ‚soziale Unterstützung' (social support), vor allem in Verbindung mit der Streßforschung und in Verknüpfung mit dem Netzwerk- und Bewältigungskonzept (coping), theoretisch fruchtbar ist und daß ihm auch erhebliche praktische Relevanz zukommt.

In dem von BADURA im Jahre 1983 entwickelten Diagramm sind die wichtigsten Bedingungsfaktoren des sozialepidemiologischen Modells der Krankheitsverhütung und Krankheitsentstehung ersichtlich.[6] In den folgenden Ausführungen möchte ich nur kurz auf den Faktor „psychosoziale Risiken" und auf „Bewältigungsstrategien" eingehen. Ausführlicher werde ich mich beschäftigen mit „sozialer Unterstützung" und dem „sozialen Netzwerk".

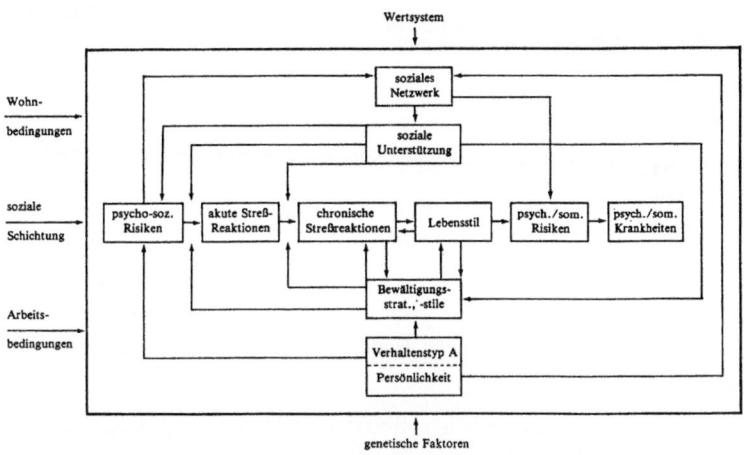

Abbildung 1: Sozialepidemiologisches Modell der Krankheitsverhütung und –entstehung (nach Badura, 1983, S. 34)

3. Psychosoziale Risiken im Wandel

Beginnen möchte ich diesen Abschnitt mit der zentralen Frage, was sind „psycho-soziale Risiken"? Dies ist deshalb eine Kardinalfrage, weil sie den Gegenstand sozialepidemiologischer Forschung mitkonstituiert.

Bei der Analyse psychosozialer Faktoren rückt das Mensch-Umwelt-Verhältnis in den Blickpunkt der Betrachtung. Eine grundlegende Annahme ist, daß als psychosoziale Risiken solche Umweltbedingungen definiert werden, die zu einer plötzlichen oder lang andauernden Überforderung oder Bedrohung einer Person führen. Die bis dato vorherrschende Übereinstimmung oder Passung zwischen Person und Umwelt gerät in ein Ungleichgewicht, was in der Folge zu erheblicher Fehlanpassung führen kann. Konsequenzen können sich ergeben auf der psychischen (emotionalen), physischen oder verhaltensbezogenen Ebene, d.h. im Bereich der Lebensführung oder des Sozialverhaltens.

Ein psychosoziales Risiko beinhaltet für eine Person eine Veränderung in ihrer Lebenswelt, d.h. in der Gesamtheit der sozialen, materiellen und natürlichen Umwelt. Dies bedeutet, daß sie einerseits mit einer neuen äußeren Konstellation konfrontiert wird, andererseits auch mit einer neuen psychischen Konstellation. Angst, Depression, Spannungen und/oder physiologische Probleme resultieren dabei aus der Diskrepanz zwischen vorherrschenden Umweltanforderungen, Situationen und Möglichkeiten der Bedürfnisbefriedigung auf der einen und menschlichen Bedürfnissen, Wertvorstellungen, Erwartungen, Fähigkeiten und Handlungskompetenzen auf der anderen Seite.[7]

Bei den beschriebenen Phänomenen handelt es sich um komplexe interdependente Stressor-Mensch-Zusammenhänge. Dabei kommt der erlebten und wahrgenommenen Diskrepanz, d.h. der subjektiven Gewichtung eines belastenden Faktors für das auslösende Geschehen erhebliche Bedeutung zu.

In der sozialepidemiologischen Forschung werden heute drei Arten psychosozialer Risiken unterschieden:

1. „belastende Lebensereignisse (life-events), wie der unerwartete Verlust einer wichtigen Bezugsperson, das plötzliche Eintreten einer schweren Krankheit oder der Verlust des Arbeitsplatzes;

2. chronische körperliche und nervliche Belastungen in der Arbeitswelt und/oder in der Familie wie etwa chronische Arbeitsüberlastungen, andauernde Konflikte mit dem Vorgesetzten oder dem Ehepartner oder enttäuschte Karriereerwartungen und schließlich

3. kritische Übergänge (transitions) im Lebenszyklus, etwa von der Kindheit ins Erwachsenenalter, von der Schule in die Arbeitswelt, von der Arbeitswelt in das Rentnerleben."[8]

Bei einem Blick in die Literatur registrieren wir eine außerordentlich breite Palette an Untersuchungen, die den Zusammenhang zwischen psychosozialen Risiken, physiologischen und psychischen Streßreaktionen und Gesundheitsrisiken thematisieren. Typische Untersuchungsgegenstände in diesem Kontext sind z.B. Krankheiten wie Bluthochdruck, Herzkrankheiten, Bronchialasthma, Magen-Darmgeschwüre auf der somatischen Ebene, Angst, Unsicherheit, Depression und Beeinträchtigung des Selbstwertgefühls auf der psychischen Ebene, sozialer Rückzug und Isolation auf der verhaltensbezogenen Ebene.

In diesem Kontext erschließt sich auch ein neues Verständnis von gesundheitsgefährdenden Verhaltensweisen wie z.B. Suchtmittelgebrauch oder Fehlernährung. Sie werden z.T. erklär- und verstehbar als Bewältigungsversuche emotionaler Streßreaktionen oder belastender Lebenssituationen.

Zur Ausbildung riskanter Lebensweisen kommt es dann, wenn sich solche Bewältigungsstrategien habitualisieren, nicht mehr nur kurzfristige Reaktion auf eine belastende Situation darstellen, sondern zur (Zwangs-)Gewohnheit werden.

4. Ressourcen zur Bewältigung

Neben den psychosozialen Risiken auf der einen Seite, konzentriert sich die sozialepidemiologische Forschung auf Variablen, denen in der Beziehung zwischen Risiko und gesundheitlichen Störungen eine protektive, abmildernde oder neutralisierende, ex negativo auch verschärfende Wirkung zuerkannt wird. Es handelt sich hier zum einen um Persönlichkeitsfaktoren, psychische Dispositionen und Bewältigungsstrategien und -kompetenzen, andererseits um soziale Bindungen, unterstützende Interaktionen und soziale Netzwerke.

Diese Faktoren, die auch als Ressourcen bezeichnet werden, lassen sich einteilen in interne, in der Persönlichkeit eines Individuums begründete, und in externe, d.h. durch soziale Verbindungen und Beziehungen vermittelte. Die Wahrscheinlichkeit der Entstehung von psychischen und physischen Störungen ist bei angenommener gleicher Belastung bei den Personen geringer, die über derartige Ressourcen verfügen und sie mobilisieren können.

Der erwähnten Schutzfunktion kommt nicht zuletzt deshalb eine große Bedeutung zu, weil in vielen Fällen die Bedingungen, die Belastungen auslösen, nicht zu beseitigen sind. Daher ist eine Hinwendung - sei es nun aus präventiver oder therapeutischer Zielsetzung - zu der Frage, welche Ressourcen für die Bewältigung von Belastungen zur Verfügung stehen, von großer Bedeutung.

Forschungsaktivitäten zur Relevanz von Ressourcen im Bewältigungsprozeß haben in den letzten Jahren einen starken Aufschwung genommen. Dies betrifft sowohl die personalen Ressourcen (siehe hier z.B. die stark zugenommene Coping-Forschung) als auch die sozialen Ressourcen, die unter dem Konzept „soziale Unterstützung" oder „soziales Netzwerk" in einer Fülle von Untersuchungen thematisiert werden.

In den folgenden Überlegungen möchte ich auf die personalen Ressourcen nur kurz eingehen, der Schwerpunkt meiner Ausführungen wird sich auf die sozialen Ressourcen beziehen.

4.1. Personale Ressourcen

Unter personalen Ressourcen verstehen wir jene Erlebensmöglichkeiten, Fähigkeiten und Interaktionen, die einer Person zur Verfügung stehen oder die sie mobilisieren kann, um belastende Lebenssituationen abzuwehren oder mit ihnen besser fertig zu werden. Darunter fallen nicht nur Persönlichkeitseigenschaften und psychische Dispositionen, sondern auch Bewältigungskompetenzen und instrumentelle Fertigkeiten wie z.B. das Erschließen von sozialen Ressourcen in Krisensituationen oder bestimmte berufliche Kompetenzen.

Bei der Frage, warum manche Personen bei Belastungen „verwundbarer" sind als andere, kann das Coping-Konzept als Erklärungsansatz herangezogen werden. Dieses Konzept steht in einer teils individualpsychologischen, teils sozialpsychologischen Tradition und kann auch an Ergebnisse der Streßforschung anknüpfen.

Das Coping-Konzept besagt, daß individuelles Bewältigungsverhalten eine entscheidende Ressource zur Regulation von psychosozialen Belastungen darstellt und daß Personen sich darin unterscheiden, wie sie mit belastenden Situationen umgehen.

Im Mittelpunkt des Interesses stehen Probleme der Streßwahrnehmung, Streßverarbeitung und -bewältigung. Betrachtet wird in diesem Zusammenhang sowohl die kognitive Ebene (z.B. Re-Definition eines Stressors, Herunterspielen einer Belastung) als auch die verhaltensbezogene Ebene, z.B. die Möglichkeit des stress-sharing durch Gespräche mit Freunden oder innerhalb einer Selbsthilfegruppe.

Gerade die Nutzung externer informeller und institutionalisierter Ressourcen stellt eine wichtige Dimension im Copingverhalten dar. Sie beinhaltet die Fähigkeit und Bereitschaft, in bestimmten Situationen die Hilfe anderer in das Bewältigungsgeschehen einzubeziehen.[9]

Es wurde schon kurz darauf hingewiesen, daß eine ebenfalls häufig praktizierte Form der Alltagsbewältigung in modernen Gesellschaften das Einnehmen von Medikamenten darstellt oder sich im überhöhten Alkohol- oder Nikotinkonsum zeigt.

Bei dem Repertoire, auf das sich eine Person bei der Bewältigung von belastenden Situationen stützen kann, handelt es sich um relativ stabile Dispositionen und Fähigkeiten. Sie werden, darauf hat die Sozialisationsforschung hingewiesen, im Verlaufe der individuellen Lerngeschichte erworben. Dabei hängt die Chance, günstige Coping-Strategien und Kompetenzen für die Problembewältigung zu erwerben, auch von den jeweiligen Lebens- und Sozialisationsbedingungen ab.

Angemessenes Bewältigungsverhalten, d.h. mit psychosozialen Belastungen so umgehen können, daß keine gravierenden gesundheitlichen Beeinträchtigungen entstehen, stellt eine wichtige allgemeine Fertigkeit dar.

Als Maßnahmen im Sinne der Gesundheitsförderung sind folglich alle jene Strategien zu bezeichnen, die die Fähigkeit einer Person zur aktiven Auseinandersetzung und Problemlösung mit belastenden, streßauslösenden Bedingungen verbessern oder die dazu beitragen, daß sie mit dem Streßzustand und seinen Folgen besser fertig wird. Hierunter fallen z.B. auch Strategien, die die Ebene der Emotionsregulierung betreffen.

4.2. Soziale Ressourcen

Im Mittelpunkt der eher psychologisch orientierten Gesundheitsforschung steht der Zusammenhang zwischen Streßsituationen, Persönlichkeitsvariablen und Bewältigungsverhalten auf der einen Seite, psychischen und somatischen Streßreaktionen sowie Krankheitsrisiken auf der anderen Seite. Die sozialepidemiologische Forschung ihrerseits geht davon aus, daß sowohl die personalen als auch die sozialen Ressourcen eines Individuums Einfluß auf die Gesundheit haben bzw. in Beziehung stehen zur Krankheitsentstehung und/oder Krankheitsverhinderung.

Es wird in diesem Zusammenhang von einem psychosozialen Immunsystem gesprochen.[10] Gemeint ist, daß durch das Vorhandensein sozialer und psychischer Faktoren der Einzelne vor seelischen oder aber auch somatischen Schäden geschützt wird oder daß diese Faktoren dazu beitragen, derartige Schäden und ihre Folgen zu bewältigen.

Unter „soziale Ressourcen" subsumieren wir jene Fremdhilfen und Unterstützungen, die eine Person aus ihrem lebensweltlichen Kontext erwarten kann. Dabei spielen emotionale, instrumentelle, materielle und lebenspraktische Formen der Unterstützung eine Rolle.

Verwiesen wird hier auf die Konzepte „soziale Netzwerke" und „soziale Unterstützung", die seit Jahren Gegenstand sozio-psychologischer Forschung sind und die die Bedeutung gesellschaftlicher Faktoren für Wohlbefinden, Gesunderhaltung und Krankheitsbewältigung thematisieren. Es gibt in der Zwischenzeit eine große Zahl von Forschungsarbeiten, in denen der positive Effekt von sozialer Unterstützung und sozialen Netzwerken für die Gesundheitssituation nachgewiesen wird.

So können z.B. Personen bei vorliegenden Belastungssituationen durch Unterstützung ihres sozialen Netzwerkes vor Streß und gesundheitsschädlichen Streßfolgen „abgepuffert" werden. Soziale Bindungen und Eingebettetsein in soziale Bezüge wirken sich unabhängig von Belastungen, quasi präventiv, gegen Störungen und Beeinträchtigungen der Gesundheit aus.

Unter „sozialem Netzwerk" (social network) werden die sozialen Beziehungen verstanden, in die eine Person eingebunden ist. In seiner optimalen Ausgestaltung kann das soziale Netzwerk jene sozialen Ressourcen bereitstellen, die eine Person bei der Problembewältigung mobilisieren und die für sie eine Unterstützung darstellen können.

Unter „sozialer Unterstützung" (social support) werden soziale Ressourcen in ihrer stützenden Wirkung verstanden.

Soziale Unterstützung wird als vermittelnde Variable in der Beziehung zwischen belastenden Situationen und psychischen und/oder physischen Störungen betrachtet.

4.2.1. Soziale Netzwerke

Eingeführt worden ist dieser Begriff in die bundesrepublikanische Sozialwissenschaft von der Sozialepidemiologie, die ihrerseits auf Ergebnisse der angelsächsischen Gemeindepsychiatrie zurückgreifen konnte. Verwendung findet er in der Familiensoziologie, Sozialpsychiatrie, Soziologie, der Sozialarbeit und in der Sozialpädagogik.

Die sozialepidemiologische Forschung geht davon aus, darauf wurde schon hingewiesen, daß die soziale Unterstützung des formellen und des informellen Netzwerkes einen direkten Effekt auf das Wohlbefinden einer Person ausübt. Häufig zitiert wird folgende Formulierung: „Je (subjektiv) befriedigender und (auch objektiv) hilfreicher das persönliche und soziale Netzwerk eines Menschen, um so geringer die Wahrscheinlichkeit psychischer und/oder somatischer Leiden".[11]

Um diese Annahme zu erhärten, wurden verschiedene Zusammenhänge erforscht; z.B. die Beziehungen zwischen Netzwerk-Struktur und Gesundheitszustand, die Wirkung von Unterstützungsleistungen des Netzwerkes auf den Gesundheitszustand usw.

Fragt man konkret danach, welche Formen der Netzwerkunterstützung in der Literatur genannt werden, so kann u.a. auf die Arbeiten des amerikanischen Gemeindepsychiaters GERALD CAPLAN zurückgegriffen werden.[12] CAPLAN hält das Netzwerk, bzw. die durch es erbrachten Leistungen, für einen Puffer, der ein Individuum vor der Komplexität des modernen urbanen Lebens schützt, d.h. ihm Orientierung gibt und Rückzugsmöglichkeiten bietet. CAPLAN unterscheidet drei elementare Hilfeformen:

- erstens wird durch wichtige Bezugspersonen psychosoziale Hilfe gegeben, die zur Bewältigung emotionaler Belastungen von Bedeutung ist,

- zweitens hält das Netzwerk eher praktische Hilfe vor, z.B. Unterstützung bei der Erledigung von Alltagsproblemen und Aufgaben,

- drittens gibt das Netzwerk instrumentelle Hilfe und kognitive Orientierung.

Unterstützung findet nach CAPLAN innerhalb von „Systemen" statt, die sich unterscheiden in spontane oder natürliche Support-Systeme (Ehe, Familie, Freunde u.a.) und organisierte nichtprofessionelle Systeme (z.B. Selbsthilfegruppen). Daneben existieren formelle, oft bürokratisch ausgerichtete professionelle Hilfssysteme, z.B. Ärzte oder Sozialarbeiter.

CAPLAN stellt in den Mittelpunkt seiner Betrachtung die Mobilisierung spontaner, nicht professioneller Systeme, wobei er betont, daß sich der Support nicht nur auf Krisen beschränkt, sondern ein Geflecht kontinuierlicher oder zeitweiliger Bindungen darstellt, das eine bedeutsame Rolle bei der Aufrechterhaltung der psychischen und/oder physischen Gesundheit eines Individuums spielt.

Die Schutz- oder „buffering"-Funktion wird von einer ganzen Reihe von Autoren herausgestellt. Weiterhin wird darauf hingewiesen, daß soziale Unterstützung (social support) ein bedeutungsvolles Moment von well-being, d.h. von Lebenszufriedenheit, darstellt.

Die von CAPLAN erwähnten Leistungen sozialer Netzwerke sind im Hinblick auf ihre Wirksamkeit von unterschiedlichen Faktoren abhängig. Berücksichtigt werden muß neben den Bedürfnissen des Individuums die Beschaffenheit des Netzwerkes, z.B. seine Größe oder die Qualität der Beziehungen zwischen den einzelnen Netzwerkmitgliedern.

4.2.2. Soziale Unterstützung

Ein großer Teil der Forschungsliteratur interessiert sich bei der Thematisierung von sozialen oder externen Ressourcen nur für eine Funktion von sozialen Netzwerken, nämlich für die Unterstützung, die sie in belastenden Situationen leisten können.

In der Weiterentwicklung der Gedanken von CAPLAN kommt SIDNEY COBB zu folgender Definition von sozialer Unterstützung: Er bezeichnet social support als „Informationen, die dem einzelnen zu verstehen geben, daß er umsorgt, geliebt und geachtet wird und daß er Teil eines sozialen Netzwerkes gegenseitiger Hilfe und Verpflichtungen ist."[13]

COBB unterscheidet drei Arten sozialer Hilfe und Unterstützung: emotionale Unterstützung, soziale Unterstützung und eine dritte Kategorie, die er „Netzwerkunterstützung" nennt, d.h. interpersonelle Prozesse der Sinngebung und der materiellen oder technischen Hilfe.

In der weiteren Entwicklung der Support-Forschung wurden verschiedene erweiterte Klassifikationen von sozialer Unterstützung erarbeitet.[14] In der Regel werden folgende vier Dimensionen des Konstruktes „soziale Unterstützung" aufgeführt:

1. Emotionale Unterstützung

Emotionale Unterstützung befriedigt das Bedürfnis nach Liebe, Zuwendung, Zugehörigkeit und Vertrauen. Ihr kommt, wenn sie als echt bzw. authentisch empfunden wird, Bedeutung bei der Bewältigung sehr persönlicher Probleme zu. Emotionale Unterstützung kann in Form verbaler oder non-verbaler Kommunikation erfolgen, sie kann begleitet sein von Körpererfahrung und Körperkontakt.

2. Unterstützung durch Einschätzung (appraisal support)

Unterstützung durch Einschätzung umfaßt die Vermittlung von Hinweisen, die einer Person eine Einschätzung von sich selbst ermöglichen. Sie hilft bei der Entwicklung und Erhaltung der sozialen Identität und erfolgt in Form von positiver oder negativer Rückmeldung.

3. Unterstützung durch Informationen (informational support)

Unterstützung durch Informationen bedeutet, einer Person solche Informationen zu geben, die bei der Bewältigung von konkreten Problemen und Belastungen hilfreich sein können.
Trotz umfangreicher formaler Hilfen und Dienste in modernen Gesellschaften spielen Hinweise und Tips eine zunehmende Rolle (z.B. bei der Suche nach einer Wohnung oder einer Arbeitsstelle).

4. Instrumentelle Unterstützung

Instrumentelle Unterstützung bezieht sich auf direkte Hilfeleistungen bei der Lösung von Problemen (z.B. aufgabenbezogene Hilfe am Arbeitsplatz, materielle Hilfe, finanzielle Hilfe usw.).

5. Soziale Unterstützung als kontextuelle Ressource

Die genannten Unterstützungsformen können durch eine Reihe von Personen aus dem informellen Netzwerk sowie aus dem formellen Netzwerk erbracht werden.

In den vorliegenden Studien werden als Quellen für soziale Unterstützung u.a. genannt: (Ehe-)Partner, Freunde, Verwandte, Nachbarn, Arbeitskollegen, Vorgesetzte,

Personen, die verschiedene Dienstleistungen (wie Kinderbetreuung, Haushaltshilfe) übernehmen, Selbsthilfegruppen, Professionelle im Gesundheits- und Sozialbereich.

Von welchen Netzwerkmitgliedern am häufigsten Unterstützung bereitgestellt wird, variiert nach Problembereich und Personengruppe. So erfahren erwachsene Personen soziale Unterstützung am ehesten durch Verwandte, Freunde und Arbeitskollegen. Quellen sozialer Unterstützung sind für junge Menschen vor allem die Eltern. Dabei wird die Mutter besonders bei sozialen Problemen um Rat gefragt, während Unterstützung des Vaters vor allem bei schulischen Belangen gefragt wird.

Neben den Eltern werden auch die Gleichaltrigen und – in geringerem Ausmaß – Geschwister sowie erwachsene Bezugspersonen wie Großeltern, Lehrer und Verwandte als Ansprechpartner für Sorgen und Probleme genannt.

Was die Bereitschaft zu Hilfeleistungen anlangt, so ist diese u.a. abhängig von dem Grad der Intimität zwischen Personen. Eine Rolle spielt auch das Ausmaß, in dem die bisherige Beziehung durch wechselseitige Hilfeleistung und Dankbarkeit sowie Reziprozität gekennzeichnet war. Es ist davon auszugehen, daß diese Merkmale variieren in Abhängigkeit von der Art der Beziehung, z.B. berufliche vs. private Beziehungen, intra- vs. intergenerative Beziehungen.

Was die Gesundheitsversorgung anlangt, so kommt informellen Netzwerken und Hilfen in unserer Gesellschaft eine immer noch große Bedeutung zu, obwohl angesichts eines Prozesses zunehmender struktureller Differenzierung Dienstleistungen von Professionellen und Experten ein ungleich größeres Gewicht zugeschrieben wird.

Zahlreiche Untersuchungen zur sozialen Unterstützung belegen deren gesundheitsfördernde Funktion insbesondere bei der Bewältigung normativer und nicht-normativer Lebenskrisen.

Studien weisen allerdings auch darauf hin, daß soziale Unterstützung auch mit Belastungen verbunden sein kann. So werden gleichzeitig vorhandene positive Auswirkungen vermindert oder sogar aufgehoben.

Werfen wir nun einen kurzen Blick auf die wichtigsten Ergebnisse der bisherigen „social support"- und Netzwerkforschung:

Die positive Wirkung von sozialer Unterstützung auf das psychische Wohlbefinden ist empirisch gut belegt.

Bei belastenden Ereignissen, Krisen und Dauerbelastungen zeigt sich die protektive Wirkung von sozialer Unterstützung. Sie reduziert die Wahrscheinlichkeit von negativen psychischen Auswirkungen bei verschiedenen Belastungssituationen.

Ein hohes Maß an sozialer Integration – häufig operationalisiert über die Art der Sozialkontakte oder die Netzwerkgröße – steigert direkt, d.h. unabhängig vom aktuellen

Belastungsniveau, das Wohlbefinden eines Individuums („main-effect-Hypothese"). Die verschiedenen Formen (subjektiv wahrgenommener) sozialer Unterstützung können in der Regel nur unter hoher Belastung eine protektive Wirkung auf das individuelle Wohlbefinden entfalten. Dieser Sachverhalt ist in der sogenannten „buffering-Hypothese" zu Tage gefördert worden.

Auch über den Einfluß sozialer Unterstützung auf die physische Gesundheit liegt mittlerweile ein eindrucksvolles Datenmaterial vor. Weiter hat sich ein wichtiger Teil der Netzwerk-Forschung mit der Therapie und Rehabilitation von psychischen Störungen und körperlichen Erkrankungen beschäftigt.

Befunde, die zeigten, daß z.B. im Bereich der medizinischen Nachsorge die sozialen Netzwerke von Betroffenen oft in unterschiedlicher Weise defizient sind, haben auch zu Überlegungen geführt, welche Funktion „künstlichen Netzwerken" (z.B. Selbsthilfegruppen) innerhalb des Prozesses der Reintegration zukommt.

Obwohl verschiedene methodische und konzeptuelle Probleme der Unterstützungsforschung noch nicht gelöst sind - z.B. weiß man über grundlegende Kausalmechanismen zu wenig Bescheid oder man begreift soziale Netzwerke als zu statische Konstrukte oder negiert belastende Aspekte sozialer Netzwerke -, konnte die sozialepidemiologische Forschung so nachhaltig die Gesundheitsrelevanz sozialer Bindungen und Interaktionen herausstellen, daß sich unmittelbare Konsequenzen für Maßnahmen der Gesundheitsförderung abzeichnen.[15]

6. Förderung von Netzwerken und Stützsystemen als Prävention

In diesem Abschnitt möchte ich auf dem Hintergrund der vorigen Überlegungen Möglichkeiten der Netzwerkförderung und der sozialen Unterstützung als präventive Strategien diskutieren.

Zwar soll nicht verkannt werden, daß auf das Individuum gerichtete Vorgehensweisen und Ansätze, die die Entwicklung und Verbesserung von sozialen Kompetenzen intendieren oder die zur Stärkung des individuellen Bewältigungsverhaltens beitragen, ein großes Gewicht zukommt.

Sie berücksichtigen jedoch die Bedeutung gesellschaftlicher Kontexte und sozialer Beziehungsstrukturen für Krankheitsentstehung und -bewältigung zu wenig und können zu einem reduktionistischen Individualismus führen.

Eine Strategie, die die Förderung und Unterstützung sozialer Netzwerke in Familie, Nachbarschaft, Schule und Arbeitswelt und ihre Verknüpfung mit informellen und formellen Formen der Gesundheitsversorgung in den Mittelpunkt stellt, leistet insofern einen Beitrag zur Überwindung des Individualismus, als sie unmittelbar auf die Gestaltung von Lebensräumen abzielt.

Dabei werden nach einer Formulierung von BADURA unter Netzwerkförderung Maßnahmen verstanden, „die a) der Förderung, Entlastung oder Mobilisierung vorhandener Netzwerke in Familien, Arbeitswelt und Gemeinde dienen und solchen, die b) auf die Initiierung oder Förderung neuer Netzwerkelemente, z.B. auf Gründung von Selbsthilfegruppen oder Selbsthilfeorganisationen, abzielen." „Die Strategie der Netzförderung ist" - so heißt es weiter – „unspezifisch, weil es ihr um die Verbesserung allgemeiner Gesundheitsbedingungen geht, und sie ist optimal, da sie auf die Erweiterung von Gesundheitsressourcen abzielt, ohne dabei zugleich über die Nutzung und Wirkung im Einzelfall bestimmen zu wollen.

Diese Überlegungen laufen auf den Vorschlag hinaus, Netzwerkförderung als neue Strategie neben die der Behandlung, der Belastungsreduktion oder der Einkommensverbesserung verstärkt ins Auge zu fassen und zu erproben."[16]

Netzwerkförderung stellt folglich keinen „Defizit-Ansatz" dar, durch den wie auch immer definierte Risikopersonen mit Kompetenzdefiziten oder Informationsmängeln ausfindig gemacht werden sollen.

Als Netzwerkförderung und Förderung sozialer Stützsysteme sind vielmehr alle Strategien zu bezeichnen, die dazu beitragen, diejenigen Fähigkeiten und Kompetenzen von einzelnen Personen oder Gruppen zu stärken, die der Gesundheit ihres anvertrauten Klientels im Sinne psychischen, physischen und sozialen Wohlbefindens dienen.

Wir verstehen darunter auch Aktionen und Projekte, die initiiert werden, um Betroffene zur Lösung ihrer Gesundheitsprobleme bzw. von gesundheitsrelevanten sozialen Problemen zu befähigen. Sie sollen so unterstützt und gefördert werden, daß sie ihre eigenen Interessen eigenständig artikulieren und selbst durchsetzen können.

Nicht der direkt Betroffene oder die Belastungsursache ist das Ziel präventiver Maßnahmen, sondern das soziale Netzwerk. Eine solch unspezifische Vorgehensweise schuldet dem Faktum Rechnung, daß im sozialen Bereich mit Ausnahme von präventiven Strategien in der Medizin kaum gesicherte Erfahrungen über die Wirksamkeit und Wirkungsweise präventiver Maßnahmen vorliegen. Präventive Konzepte sind nur mangelhaft elaboriert, in kaum einem Anwendungsbereich findet sich eine von Theoretikern und Praktikern anerkannte Theorie der Prävention.[17]

Soziale Netzwerke und Unterstützungssysteme stellen - so lautet die These - eine wichtige Chancenstruktur für die Entwicklung und Erhaltung von psychosozialer und physischer Gesundheit dar.

Als Resultat aus den bisherigen Überlegungen kann die Folgerung gezogen werden, daß eine Stärkung dieser intermediären Instanzen, d.h. der sozialen Kontexte, in denen

Individuen und Gruppen miteinander interagieren, eine zentrale Aufgabe im Sinne einer lebensweltbezogenen Prävention darstellt.

Welche praktischen Möglichkeiten und Strategien einer Netzwerkförderung zeichnen sich nun ab?

Je nach Anforderung kann eine unterschiedliche Umsetzung des Netzwerkkonzeptes erfolgen. Strategien der Netzwerkförderung und der Intervention sind auf folgenden Ebenen denkbar:

1. Stärkung der vorhandenen alltäglichen Stützsysteme in Familie, Schule und Arbeitswelt

   Das Ziel einer solchen Stärkung kann einmal darin liegen, eine Verbesserung der unterstützenden Interaktion der Akteure in den jeweiligen Bereichen zu bewirken. Angesprochen sind hier vor allem die Interventionsfelder Schule und Arbeitswelt, in denen sich supportive Beziehungen positiv auf die Gesundheit der jeweiligen Gruppen auswirken dürften.

   Es kann aber auch daraufhin ausgerichtet sein, Netzwerke umzustrukturieren, d.h. alternative Netzwerke aufzubauen. Dies mag dann sinnvoll sein, wenn eine Arbeit mit dem vorhandenen natürlichen Netzwerk nicht möglich ist.

2. Förderung von Maßnahmen zur Schaffung von „künstlichen" Netzwerken

   Durch die Neuschaffung von künstlichen Netzwerken oder Unterstützungsbezügen, z.B. Selbsthilfegruppen, können vorhandene Netzwerke ergänzt oder nicht vorhandene ersetzt werden. Gesundheitsselbsthilfegruppen sind heute fester Bestandteil der Gesundheitsversorgung. Sie ermöglichen ihren Mitgliedern Informationsaustausch, tragen zur Knüpfung neuer Beziehungen bei und geben auch Orientierungshilfe. Wichtig ist vor allem das Moment der sozialen Kontrolle, das z.B. in Selbsthilfegruppen zum Tragen kommt und das gerade im Bereich der Suchtkrankheiten notwendig ist.

3. Befähigung zur Netzwerkgestaltung, Netzwerkerschließung und Netzwerkerhaltung

   Hier geht es vor allem um die Vermittlung von solchen Fähigkeiten und Kompetenzen, die es dem einzelnen ermöglichen, die vorhandenen Ressourcen für soziale Unterstützung besser zu erkennen und die ihn in die Lage versetzen, sich ein soziales Netzwerk zu erschließen. Ebenso sollten die Fähigkeiten entwickelt werden, die eine Person instand setzen, anderen Unterstützung zu geben, um für die Praxis des täglichen Lebens ein reziprokes System gegenseitiger Hilfe aufzubauen.

Die Qualifizierung für diese Kompetenzen obliegt vor allem dem Erziehungswesen; Schulen und Elterngruppen sind direkt angesprochen.

4. Verknüpfung professioneller und nicht-professioneller Netzwerke und Unterstützungssysteme

Überlegungen, welche weiteren Strategien einer Netzwerkförderung denkbar sind, haben schon seit längerer Zeit dazu geführt, eine bessere Verknüpfung von professionellen und nicht-professionellen Systemen zu fordern.[18] Solche Versuche sehen ihre Rechtfertigung zum einen darin, weil professionelle Hilfsangebote über eine teilweise zu geringe Akzeptanz bei Klienten verfügen. In ihren theoretischen und praktischen Konzepten besteht häufig kein ausreichender Bezug zur Lebenswelt ihres Klienten. Andererseits stellt informelle Hilfe und Unterstützung eine wichtige Ergänzung professioneller Dienstleistungen im psychosozialen und medizinischen Sektor dar. Beide Systeme müssen ihren komplementären Charakter und ihre wechselseitigen Qualitäten besser begreifen.

7. Ausblick und Perspektiven

In den vorherigen Überlegungen wurde zwischen personalen und sozialen Ressourcen der Problembewältigung unterschieden. Personale Ressourcen beziehen sich auf Persönlichkeitseigenschaften und die individuell zur Verfügung stehenden Handlungskapazitäten. Sie allein sind häufig nicht ausreichend, um psychosoziale Belastungen und Problemkonstellationen zu bewältigen.

Daneben müssen auch die sozialen Ressourcen, d.h. die soziale Unterstützung, die einer Person aus der Umwelt und dem Netzwerk der Sozialbeziehungen zur Verfügung steht, berücksichtigt werden. Die sozialepidemiologische Unterstützungs- und Ressourcenforschung unterstellt und belegt die schützende Wirkung sozialer Beziehungen. Das soziale Netzwerk stellt in dieser Blickrichtung gleichsam eine Chancenstruktur für soziale Kontakte, mitmenschliche Unterstützung und Hilfe dar.

Den sozialen Bindungen bzw. den aus dem Netzwerk erbrachten Leistungen wird eine wichtige Funktion bei der Entstehung und Bewältigung von psychischen Störungen und/oder psychophysischen Krankheiten zugeschrieben.

Auf dieser Folie wurde die Notwendigkeit begründet, im Sinne unspezifischer Primärprävention neben einer Beeinflussung des Verhaltens Einzelner auch die Strategie der Netzwerkförderung und der Förderung sozialer Stützsysteme zu favorisieren. Nur durch eine Aktivierung unterschiedlicher Interventionspotentiale sowie ihre Einbeziehung in das soziale Netzwerk kann die individuelle Bewältigung von Belastungen im Kontext lebensweltlicher Bezüge gelingen.

Es wäre allerdings fatal, würden die vorigen Überlegungen dazu führen, vorschnell die Unterstützungspotentiale informeller Systeme und Netzwerke zu idealisieren. Es ist auch nicht angezeigt, Hilfe durch formelle Versorgungssysteme einzuschränken und professionelle Unterstützung zugunsten solcher aus traditionellen Systemen abzubauen. Traditionelle Netze wie Familie und Nachbarschaft sind häufig schon bis an die Grenze des Zumutbaren belastet und bedürfen zur Erbringung alltäglicher Unterstützung besserer Rahmenbedingungen.

Anmerkungen und Literaturhinweise

1) Vgl. u.a. Schwarzer, R. (Hrsg.): Gesundheitspsychologie. Göttingen: Hogrefe, 1990.

2) Es sei in diesem Zusammenhang nur an die Forschungen von Dohrenwend & Dohrenwend erinnert. Vergleiche hierzu etwa: Dohrenwend, B.S./Dohrenwend, B.P. (Hrsg.): Stressful life events: their nature and effects. New York: Wiley, 1974.

3) Die Sozialepidemiologie untersucht die Frage nach den sozialen Entstehungsbedingungen für psycho-physische Störungen. Sie will nicht nur den Umfang des Problems in einer Gesellschaft erfassen, sondern auch durch Herstellung von Bezügen zwischen Häufigkeitsmustern vor allem psychischer Störungen und Merkmalen der Sozialstruktur empirisch gesicherte Hinweise auf gesellschaftliche Einflußfaktoren geben. Zum anderen erforscht sie die persönlichen und sozialen Ressourcen, die die Entstehung einer (psychischen und somatischen) Krankheit verhindern oder ihre Bewältigung erleichtern.

4) Bei der Entstehung und im Verlauf von psychischen und auch somatischen Krankheiten werden zwar soziale Bedingungen und der Einfluß von sozialen Faktoren von der traditionellen medizinischen Forschung schon lange thematisiert. Sie wurden jedoch als hinzukommende, den Krankheitsbeginn evtl. auslösende oder beschleunigende Faktoren interpretiert, die aber an den bio-physischen Krankheitsprozessen nichts verändern. Gegenüber der traditionellen Epidemiologie wird in der Sozialepidemiologie konzeptionell davon ausgegangen, daß soziale Faktoren und Variablen kausal auf einen Gesundheitszustand wirken.

5) In dem Band von Laireiter (Hrsg.): Soziales Netzwerk und soziale Unterstützung, Bern: Huber 1993, werden entsprechende methodische und konzeptionelle Mängel der Netzwerk- und Unterstützungsforschung aufgezeigt. Vgl. auch Badura, B.: Sozialepidemiologie. Fragestellungen, Methoden, Ergebnisse. In: Schwarzer, R. (Hrsg.): Gesundheitspsychologie, a.a.O.

6) Badura, B.: Sozialepidemiologie in Theorie und Praxis. In: Europäische Monographien zur Forschung in Gesundheitserziehung 5, hrsg. v. d. Bundeszentrale für gesundheitliche Aufklärung, Köln 1983, S. 29-48.

7) Levi, L.: Psychosocial Factors in Preventive Medicine. In: Healthy People, Washington: Government Printing Office, 1979, S. 207-252. Vgl. auch Hurrelmann, K.: Sozialisation und Gesundheit. In: Schwarzer, R. (Hrsg.): Gesundheitspsychologie, a.a.O.

8)   Badura, B.: Sozialepidemiologie in Theorie und Praxis, a.a.O., S. 35.

9)   Vgl. hierzu: Pearlin, L.I./Schooler, C.: The structure of coping. In: Journal of Health and Social Behavior, 19, 1978, S. 2-21.

10) Badura, B.: Sozialepidemiologie in Theorie und Praxis, a.a.O., S. 35.

11) Badura, B.: Soziale Unterstützung und chronische Krankheit. Zum Stand sozialepidemiologischer Forschung. Frankfurt 1981, S. 36.

12) Caplan, G.: Support Systems. In: Caplan, G.: Support Systems and Community Mental Health. New York 1974.

13) Cobb, S.: Social Support as a Moderator of Life Stress. In: Psychosocial Medicine, 38, 1976, H. 5, S. 300-314.

14) Vgl. House, J.S.: Work stress and social support. Reading/Mass.: Addison-Wesley, 1981. Weitere Taxonomien „Sozialer Unterstützung" finden sich in dem Beitrag von A. Laireiter: Begriffe und Methoden der Netzwerk- und Unterstützungsforschung. In: Laireiter, A. (Hrsg.): Soziales Netzwerk und Soziale Unterstützung, a.a.O.

15) Vgl. den Beitrag von Gerhards/Deggerich/Finke: Soziale Fertigkeiten, Sozialer Rückhalt und Gesundheit. In: Laireiter, A. (Hrsg.): a.a.O.

16) Badura, B.: Sozialepidemiologie in Theorie und Praxis, a.a.O., S. 42.

17) Vgl. Rappaport, J.: Ein Plädoyer für die Widersprüchlichkeit: Ein sozialpolitisches Konzept des „empowerment" anstelle präventiver Ansätze. In: Verhaltenstherapie und psychosoziale Praxis, 2, 1985, S. 257-278.

18) Kardoff, E.V./Stark, W.: Zur Verknüpfung professioneller und alltäglicher Hilfenetze. In: Keupp, H./Röhrle, B. (Hrsg.): Soziale Netzwerke. Frankfurt-New York: Campus, 1987, S. 219-244.

Heinz Jörgen Franz

Sucht- und Drogenvorbeugung im Jugendalter – Präventives Handeln im Rahmen der Sozialisationstheorie

1. Zur Aktualität der Fragestellung

In diesem Beitrag stehen primär Aspekte des Themas Sucht- und Drogenvorbeugung im Mittelpunkt, die theoretische Ableitungen entwicklungs- und sozialisationstheoretischer Konzepte beinhalten und auf dieser Folie Skizzen eines theoretischen Rahmens für Prävention und Intervention darstellen.

Diese Einteilung ist deshalb gewählt, weil in der Bundesrepublik Deutschland bei Forschungsarbeiten zur Ätiologie des Drogengebrauchs und Drogenmißbrauchs in der jüngsten Zeit der Schwerpunkt auf diese Konzepte gelegt wird.[1]

Die Hauptthese des Beitrags lautet, daß Erkenntnisse über die Funktion des Drogengebrauchs aus der entwicklungs- und sozialisationstheoretischen Perspektive systematischere Möglichkeiten für vorbeugende Maßnahmen eröffnen als bisherige Bemühungen. In der Vergangenheit basierten diese entweder auf der Vermittlung reiner Informationen, auf Information und Abschreckung oder auf Information mit dem Ziel, eine Gegenhaltung aufzubauen.

Zwar konnte der unbefriedigende Stand der Forschung über den Drogenkonsum von Kindern und Jugendlichen in der Bundesrepublik Deutschland in den letzten Jahren wesentlich verbessert werden. Es ist eine große Zahl von Studien zum vorliegenden Thema erschienen. Dies hat freilich nicht dazu geführt, dem nach wie vor unbefriedigenden Stand der Prävention und Intervention in diesem Bereich abzuhelfen.

Durch den Anstieg von Drogen- und Suchtabhängigen hat dieses Problem allerdings erneut an wissenschaftlicher, gesellschaftlicher und politischer Bedeutung gewonnen. Forderungen nach neuen Konzepten werden laut, der Vorbeugung soll eine Schlüsselrolle im Kampf gegen Sucht zufallen.[2]

Wenn in diesem Beitrag von Drogengebrauch und Drogenvorbeugung die Rede ist, so soll vorab geklärt werden, daß unter Drogen solche Substanzen verstanden werden, die zur Manipulation der subjektiven Befindlichkeit via zentrales Nervensystem des Konsumenten eingenommen werden, d.h. legale Drogen (Tabak und Alkohol) sowie illegale Drogen (Haschisch, Kokain, Heroin, synthetisch erzeugte Rauschmittel usw.).

2. Prävention, Prophylaxe, Gesundheitsförderung

Bevor im Detail die Hauptthese dieses Beitrages ausführlich begründet werden soll, ist es notwendig, einige im folgenden gebrauchte Schlüsselbegriffe zu klären: Begriffe wie Prävention oder Prophylaxe werden in den letzten Jahren sehr häufig verwendet, in der Regel synonym. Beide Begriffe sind heute fester Bestandteil der Gesundheitspolitik wie auch Praxis von Behörden und Institutionen, die mit den Folgeproblemen von gesundheitsgefährdendem und/oder abweichendem Verhalten von Menschen befaßt sind.

In der theoretischen wissenschaftlichen Literatur findet sich häufig der Begriff „Prävention" (z.B. in der Medizin); bei konkreten anwendungsbezogenen Maßnahmen und Programmen ist dagegen oft von Prophylaxe die Rede (z.B. Rückfallprophylaxe).

Allgemein hat sich bei der Systematisierung der Thematik das Konzept des amerikanischen Gemeindepsychologen CAPLAN durchgesetzt.[3] Nach ihm erfolgt eine Unterteilung von Prävention in primäre Prävention, sekundäre Prävention und tertiäre Prävention. Während tertiäre Prävention die Verhütung des Rückfalls meint und so weitgehend mit den Maßnahmen der Rehabilitation und Rückfallprophylaxe identisch ist, bedeutet primäre Prävention die Verhütung und Vermeidung von Krankheitsentstehung, in unserem Kontext: Entstehung von Suchtkrankheiten, und sekundäre Prävention die Früherkennung von Krankheitsanzeichen.

Ohne dieses Konzept weiter zu vervollständigen, soll festgehalten werden, daß Prävention darauf abzielt, das Auftreten von Neuerkrankungen zu verhindern. Konkretes Ziel von Suchtprävention stellt die Erziehung zu Abstinenz von illegalen Drogen und zum verantwortlichen selbstkontrollierten Umgang mit Nikotin, Alkohol und Medikamenten dar. Verhindert werden soll die Entstehung einer Abhängigkeit oder eines süchtigen Verhaltens.

Eine weitere Einteilung findet sich in der Literatur: spezifische und unspezifische Prävention. Während sich die spezifische Prävention auf die Reduktion bzw. Vermeidung von bei bestimmten Erkrankungen (z.B. Alkoholismus, koronare Herzerkrankungen) als bedeutsam erachteten Risikofaktoren bezieht, zielt unspezifische Prävention generell auf Maßnahmen zur Gesundheitsförderung und zur Verbesserung des psycho-physischen Wohlbefindens, d.h. sie intendiert eine Unterstützung gesundheitsfördernder Lebensweisen.

Prävention und Prophylaxe lassen sich - um ein letztes wichtiges Einteilungsmerkmal bezüglich der Zielrichtung zu nennen - in personenbezogene Maßnahmen und umwelt- bzw. systemorientierte Maßnahmen unterscheiden.

Individuelle und personenbezogene Ansatzpunkte präventiven Handelns stellen die Frage in den Mittelpunkt, wie gesundheitsgefährdende Verhaltensweisen durch die betroffenen Personen selbst verändert werden können. Übermäßiger Alkoholkonsum, Rauchen, Drogenkonsum, gesundheitsschädliche Eßgewohnheiten, zu wenig Bewegung usw. werden als individuelle Verhaltensprobleme verstanden, die der einzelne Betroffene selbst ändern muß. Ziel personenbezogener Strategien ist es, dem einzelnen dabei zu helfen, gesundheitsgefährdende Verhaltensweisen zu verändern. Dies geschieht vorwiegend durch Wissens- und Informationsvermittlung, durch Aufklärung und/oder Vermittlung von sozialen Kompetenzen. Hierunter fallen etwa Aufgaben der traditionellen Gesundheitserziehung.

Solche Maßnahmen „sollen den Einzelnen in den Stand versetzen, z.B. im Umgang mit Drogen, jeweils die richtige Entscheidung zu treffen. Dazu müssen Sachkenntnisse vermittelt und vorbeugende Verhaltensmotivationen aufgebaut werden. Kommunikative Maßnahmen der Prävention suchen die Gegenkräfte des Einzelnen gegen ein Abhängigwerden zu mobilisieren."[4]

Umwelt- bzw. systemorientierte Ansätze - manche Autoren sprechen auch von strukturellen Ansätzen - richten ihr Augenmerk auf die Veränderung von äußeren Bedingungen, die für die Gesundheitssituation der Bevölkerung von Bedeutung sind. Es handelt sich dabei z.B. um das Verbot der Zigarettenwerbung in öffentlichen Medien oder des Verkaufs von Alkohol an Kinder und Jugendliche, Maßnahmen zur Reinerhaltung der Luft und des Wassers, das Verbot von gesundheitsschädlichen Werkstoffen (z.B. Asbest) usw. Zielrichtung von umwelt- bzw. systemorientierten Strategien ist die einen Menschen umgebende Lebenswelt, in der freien Natur, in Institutionen oder in Betrieben und Schulen.

Es ist unmittelbar einleuchtend, daß zwar durch gesundheitsgerechtes individuelles Verhalten eine große Zahl von Gesundheitsgefährdungen vermieden werden können, andererseits jedoch vielen Gesundheitsgefahren nur durch staatliche Maßnahmen zu begegnen ist.

In der nachfolgenden Tabelle findet sich eine Zusammenstellung der bisher thematisierten Strategien.

	Primär-Prävention		**Sekundär-Prävention**	
Ebenen	drogen-unspezifisch	drogen-spezifisch	drogen-unspezifisch	drogen-spezifisch
Kommunikative Ebene				
Förderung der Massenkommu-nikation	Gesundheits-erziehung	Aufklärungs-plakate Broschüren	Tips in Medien Spots	Film über Alkohol/ Drogen
Förderung der personalen Kommunikation	Vermittlung von Handlungskompe-tenzen Identitätsfindung Stärkung der Selbstsicherheit	Gespräch Rollenspiel im Unterricht (Drogenange-bote ablehnen können)	Kommunika-tionstraining Stärkung der Selbstsicher-heit	Gruppen-arbeit für Gefährdete Motivation zur Therapie
Strukturelle Ebene				
Maßnahmen im sozialen Nahraum	Verbesserung von Wohn-/Arbeits-situation	Einführung von Drogen- und Suchtvorbeu-gung als Unter-richtsprinzip	Stärkung von Selbsthilfe/ Stadtteil-projekten	Drogenbera-tung/psycho-soziale Beratung
Verbesserung der sozial-ökolo-gischen Rahmen-bedingungen	Abbau z.B. der Arbeitslosigkeit	Werbeverbot BTM-Gesetz	Hilfen für Familien	Verschär-fung der Strafen für Dealer

Aus: Franz, H.J.: Auf dem Weg in die alkoholabhängige Gesellschaft. Konstanz: Hartung-Gorre 1995, S. 89.

Eine Verbindung des personenbezogenen und des umwelt- bzw. systemorientierten Ansatzes zur Prävention und Gesundheitsförderung wird im Lebensweisen-Konzept, wie es vom Regionalbüro der Weltgesundheits-Organisation (WHO) in Kopenhagen propagiert wird, hergestellt. Gemeint ist, daß die individuelle Lebens- und Verhaltens-weise nur auf dem Hintergrund der sie zugleich beeinflussenden ökonomischen, öko-logischen, sozialen und kulturellen Faktoren erklärbar wird.

Die Definition lautet wie folgt: „Mit diesem Lebensweisenkonzept wird ein enger Be-zug zwischen Lebensbedingungen, Lebenstätigkeiten und spezifischen, sozial geformten Bewältigungsstrategien hergestellt. Charakteristisch ist das Verknüpfen von individuellen und kollektiven Lebensweisen unter Bezugnahmen auf die jeweiligen soziostrukturellen Lebensbedingungen. Individuelles Verhalten wird verstehbar als wesentlich sozial geformtes - was unter anderem den Schluß nahelegt, daß seine Veränderung immer auch in Bezug zu sozialen Veränderungen zu setzen ist. Damit ist für den Bereich Gesundheitsförderung und -erziehung angezeigt, daß integrative Strategien von Prävention und Intervention entwickelt werden müssen, deren Hauptmerkmal darin besteht, daß sie zwischen den verschiedenen sozialen Sektoren vermitteln, aber auch in ihnen wirksam werden."[5]

Die Notwendigkeit von Vorbeugung gegenüber Sucht- und Drogenabhängigkeit ist in den letzten Jahren verstärkt in das Bewußtsein der Öffentlichkeit geraten. Es finden Kongresse und Symposien statt, die nach neuen Möglichkeiten und Strategien suchen, um riskante Konsumgewohnheiten nicht entstehen zu lassen. Zukünftiges Übel soll quasi durch gezielte Strategien bereits im Vorfeld an der Entstehung gehindert werden. Mit der verstärkten Hinwendung zu Prävention und Prophylaxe verbindet sich auch die Hoffnung, daß es möglich sei, die wirklichen Ursachen sozialen und psychischen Elends zu bekämpfen.

3. Zur Ätiologie des Drogengebrauchs aus sozialisations- und entwicklungstheoretischer Sicht

3.1. Das sozialisations- und entwicklungstheoretische Konzept - Theoretische Fundierung

Es liegen zahlreiche Ursachen- und Erklärungsmodelle sowie empirische Untersuchungen zum Drogen- und Suchtproblem vor. Sie liefern eine Vielzahl von Hypothesen und Deutungsansätzen, die auch für die Suchtprävention wertvolle Hinweise geben.

Dennoch ist es nicht möglich, allein aus den vorliegenden Studien und Daten ein gesichertes Bild über genaue Ursachen und Bedingungen für mißbräuchlichen Drogenkonsum abzugeben.

Was die Ursachenproblematik anlangt, so beschäftigte sich in der Bundesrepublik Deutschland die Forschung bis in die frühen achtziger Jahre vorwiegend mit der Frage, welche Kausalzusammenhänge zwischen Persönlichkeitsmerkmalen einerseits und der Präferenz von bestimmten Drogentypen andererseits bestehen.[6]

Kaum berücksichtigt wurden Überlegungen, die davon ausgehen, daß Konsumverhaltensweisen im Verlaufe des Sozialisationsprozesses erlernt werden.

Unter den Erklärungsansätzen zum Konsumverhalten hat in den letzten Jahren ein Zugriff an Bedeutung gewonnen, der den Drogenkonsum, konkret: den problematischen

Konsum als Ausdrucks- und Bewältigungsmöglichkeit belastender Entwicklungsaufgaben und Lebenssituationen im Kindes- und Jugendalter versteht. „Drogengebrauch scheint mit der Entwicklung selbst eng verbunden zu sein", so lautete die Ausgangshypothese innerhalb eines Projekts zum Drogengebrauch von jungen Menschen.[7] Die Schwerpunktsetzung auf entwicklungs- und sozialisationstheoretische Erklärungsansätze rechtfertigt sich deshalb, weil dieser Forschungsansatz recht aufschlußreiche Ergebnisse erbracht hat. Über andere Konzepte findet sich ein informativer Überblick in der Arbeit von SIEBER.[8]

Da das Augenmerk auf das entwicklungs- und sozialisationstheoretische Konzept gelegt wird, soll an dieser Stelle eine kurze theoretische Fundierung eingefügt werden.

Die Entwicklungs- und Sozialisationstheorie geht von einer dialektischen Beziehung zwischen dem Individuum und der Umwelt aus. Jede menschliche Entwicklung, so auch die des Heranwachsenden, vollzieht sich in einem sozioökonomischen Kontext, der subjektiv wahrgenommen und verarbeitet wird. Es handelt sich dabei freilich nicht um ein einseitiges Geschehen, denn zugleich versucht das Individuum, diesen Kontext rückbezüglich zu beeinflussen und zu gestalten. Jede Entwicklung ist somit ein Vorgang, den eine Person im Hinblick auf Verlauf und Ergebnis in allen Abschnitten der Lebensspanne beeinflussen kann.

Eine konkrete Ableitung innerhalb dieses theoretischen Rahmens findet sich im Konzept der Entwicklungsaufgaben. Unter Entwicklungsaufgaben werden solche Lebensereignisse und soziokulturellen Herausforderungen verstanden, die Menschen, in unserem Zusammenhang Jugendliche, in hochentwickelten Industriegesellschaften erfolgreich und in der Regel auch eigenständig bewältigen müssen. Nur so sind notwendige Entwicklungsfortschritte zu erzielen, sowohl im Hinblick auf eine Erweiterung der Handlungsmöglichkeiten als auch hinsichtlich einer Steigerung der Handlungskompetenzen. Die „konstruktive Auseinandersetzung" mit Entwicklungsaufgaben verlangt von jungen Menschen, eine Vielzahl von Problemen zu erkennen, Lösungen zu finden und Verhaltensexperimente einzugehen.

In der Adoleszenz ergeben sich Entwicklungsaufgaben durch das Zusammenwirken von biologischen Umbrüchen mit veränderten soziokulturellen Ansprüchen an das Individuum sowie aus den damit verbundenen Veränderungen auf der psychischen Ebene.

Jugendliche müssen eine rapide Veränderung ihrer psycho-physischen Disposition, also der Struktur ihrer Motive, Gefühle, Denkweisen und Reaktionsmuster und einen völligen Neuaufbau ihrer personalen Identität bewältigen. In der gleichen Zeitspanne werden von ihnen mit massivem Nachdruck zugleich soziale Integrationsleistungen, nämlich soziokulturelle Anpassungs- und ökonomisch relevante Qualifizierungsanforderungen verlangt.[9]

Für Heranwachsende in den heutigen Industriegesellschaften werden jene 10 Aufgaben als universell angesehen, die von DREHER U. DREHER (1985) herausgearbeitet worden sind. Sie lassen sich kurz in folgende Bereiche einteilen: Familie und Peergruppe, Ausbildungs- und Zukunftsvorstellungen, Entwicklung eines Selbstkonzepts und einer Ich-Identität, Entwicklung einer Geschlechtsrolle und Aufbau eines Wert- und Normensystems.

DREHER U. DREHER haben die entsprechenden Entwicklungsaufgaben wie folgt konkretisiert:[10]

- Aufbau eines Freundeskreises: Zu Altersgenossen beiderlei Geschlechts werden neue, tiefere Beziehungen hergestellt.

- Akzeptieren der eigenen körperlichen Erscheinung: Veränderungen des Körpers und sein eigenes Aussehen annehmen.

- Sich das Verhalten aneignen, das man in unserer Gesellschaft von einem Mann bzw. von einer Frau erwartet.

- Aufnahme intimer Beziehungen zum Partner (Freund/Freundin).

- Von den Eltern unabhängig werden bzw. sich vom Elternhaus loslösen.

- Wissen, was man werden will und was man dafür können muß (lernen muß).

- Vorstellungen entwickeln, wie der Ehepartner und die zukünftige Familie sein sollen.

- Über sich selbst im Bild sein: Wissen, wer man ist, was man will.

- Entwicklung einer eigenen Weltanschauung: Sich darüber klar werden, welche Werte man hochhält und als Richtschnur für eigenes Verhalten akzeptiert.

- Entwicklung einer Zukunftsperspektive: Sein Leben planen und Ziele ansteuern, von denen man glaubt, daß man sie erreichen kann.

Das Erlernen von Konsumverhaltensweisen ist notwendiger Bestandteil des Sozialisationsprozesses, d.h. Jugendliche müssen Handlungsmuster für die Nutzung des Konsumwarenmarktes entwickeln. Dies beinhaltet auch die Auseinandersetzung mit Genußmitteln und Drogen, da diese Stoffe von der Gesellschaft angeboten werden und da unsere Gesellschaft erwartet, daß erwachsene Menschen mit Drogen in bestimmter Art und Weise umgehen können. Für den jungen Menschen kommt zu den oben aufgeführten zehn Entwicklungsaufgaben nach Auffassung von Entwicklungspsychologen noch als weitere eigenständige hinzu, den Umgang mit Alkohol und Drogen zu erlernen.[11] Dabei stellt die Familie zunächst das zentrale „Lern- und Übungsfeld" dar. In fortschreitendem Alter ist dies die Gruppe der Gleichaltrigen (peer-group) und Freundes-gruppen.

3.2. Zur Funktion von Drogengebrauch im skizzierten Forschungsparadigma

Unter Zugrundelegung der kurz skizzierten entwicklungs- und sozialisationstheoreti-schen Sichtweise sind in der Bundesrepublik Deutschland besonders zwei Forschungs-projekte zu erwähnen, die u.a. den subjektiven Nutzen und die instrumentellen, sozia-len und symbolischen Funktionen von Alkohol und Tabak, Arzneimitteln und illegalen Drogen untersuchten.

Im Rahmen des Sonderforschungsbereichs „Prävention und Intervention im Kindes-und Jugendalter" hat sich an der Universität Bielefeld eine Forschergruppe mit dem jugendspezifischen Konsum legaler Drogen beschäftigt. Anhand einer repräsentativen Stichprobe - untersucht wurden Jugendliche im Alter zwischen 12 und 17 Jahren in Nordrhein-Westfalen - wurden und werden Zusammenhänge zwischen spezifischen belastenden Lebenssituationen und individuellen Bewältigungsstilen eruiert. Neben dem Konsum legaler Drogen werden durch das Forschungsdesign auch auffällige Ver-haltensweisen wie Kriminalität, psychosomatische Beschwerden, depressive Stim-mungslagen und Lernstörungen erfaßt.

Die neuere Forschung zum jugendspezifischen Konsum von Drogen wurde auch durch das Längsschnittprojekt „Jugendentwicklung und Drogen", das an der Technischen Universität Berlin durchgeführt wurde, entscheidend befruchtet.[12] Die Forschergruppe versuchte ein theoretisches Modell zur Jugendentwicklung zu erarbeiten und herauszu-finden, ob riskantes Gesundheitsverhalten und Drogengebrauch als Requisit einer ziel-gerichteten Befriedigung unterschiedlicher entwicklungsbezogener Bedürfnisse und als eine Strategie zur Bewältigung jugendspezifischer Belastungen und Entwicklungsauf-gaben interpretiert werden kann.

Themenschwerpunkt der Erhebung, die in der Schule mit Fragebögen durchgeführt wurde, stellten Fragen zur Bewältigung jugendspezifischer Entwicklungsaufgaben, zum Freizeitverhalten, zum Drogengebrauch, zur Delinquenz, zum Selbst- und Freund-schaftskonzept und zur Jugendkultur dar. Zudem fanden auch Interviews mit den El-tern der Schüler statt, in denen sich Aufschluß über das Familien- und Erziehungskli-ma ergab.

Befragt wurden mittels eines Kohorten-Sequenz-Forschungsdesigns drei Kohorten (A, B, C) mit einer Gesamtzahl von 2100 Schülern. Die Probanden der Kohorte A (N = 900) wurden insgesamt siebenmal, die der Kohorten B und C (N jeweils 600) viermal interviewt. Dieses Forschungsdesign ermöglichte sowohl eine Untersuchung im Längsschnitt als auch im Querschnitt.

Die Ergebnisse beider Projekte belegen, daß Drogenkonsum als Mittel zur Lebensbewältigung dient, daß durch ihn die vielfältigen alters- und entwicklungsbezogenen Bedürfnisse befriedigt und Konflikt- und Belastungssituationen bewältigt werden. Wenn wir diese Aussage konkretisieren und danach fragen, welche spezifischen Bedürfnisse mittels Drogen befriedigt und welche Belastungen bewältigt werden sollen, so zeigen sich folgende Funktionen:

Drogenkonsum kann dazu dienen, Erwachsenenverhalten zu demonstrieren oder zu antizipieren, er kann als Mittel genutzt werden, um elterliche oder gesellschaftliche Wertvorstellungen bewußt zu verletzen. Drogenkonsum kann auch die Funktion haben, Zugang zu und Anerkennung in Gleichaltrigen- und Freundesgruppen zu erhalten sowie frustrierende und belastende Situationen im Alltag, speziell im Lernalltag, zu bewältigen. Zudem kann er Ersatzziel sein, wenn Anforderungen an die Entwicklung nicht eingelöst werden, d.h. ein Entwicklungsziel nicht erreicht wird. Drogenkonsum kann schließlich Flucht aus Zwängen und Einbindungen sein oder sozialen Protest ausdrücken.

Im oben kurz skizzierten Forschungszusammenhang wird deutlich, daß Drogenkonsum eine Strategie darstellt, um die soziale und/oder dingliche und materielle Lebensrealität zu verarbeiten.

Ob Drogengebrauch als „normales" oder „problematisches" Verhalten einzuschätzen ist, hängt einmal von der jeweiligen Entwicklungsphase des jungen Menschen sowie von der Funktion, die die Droge einnimmt, ab. Zudem ist danach zu fragen, welche Substanz in welchem Ausmaß eingenommen wird.

4. Jugendspezifische Lebenslage, psychosoziale Belastungen und Drogengebrauch

Die zahlreichen Forschungsarbeiten zum Thema Drogengebrauch im Jugendalter erbrachten den eindeutigen Hinweis, daß der Weg in die Abhängigkeit mit monokausalen oder eindimensionalen Erklärungsansätzen nicht hinreichend beschrieben werden kann. Vielmehr handelt es sich dabei um ein multifaktorielles Geschehen, das durch ein Zusammenspiel verschiedener Aspekte ausgelöst wird. Diese können auf der Ebene der einzelnen Person, der Familie, der Schule oder der Gesellschaft liegen.

In den letzten Jahren hat die Jugendforschung größere Bedeutung der Frage gewidmet, inwieweit jugendliches Problemverhalten verstanden werden muß als Ausdruck von bio-psychosozialen Spannungszuständen, die durch Belastungen und Streß hervorgerufen werden und die die Entwicklung von Kindern und Jugendlichen negativ beeinflussen. Sozial auffälliges Verhalten wird definiert als Verhalten, „das sich außerhalb des

Normalitätsrahmens" befindet. Es beeinträchtigt oder macht das Funktionieren des gesellschaftlichen Gesamtsystems unmöglich.

Als Formen von Verhaltensauffälligkeiten gelten neben dem Mißbrauch von Suchtmitteln Delinquenz, Kriminalität, Aggressivität und die Verbreitung von riskanten bzw. unfallträchtigen Verhaltensweisen, psychische Störungen, Selbstmordneigungen, somatische und psychosomatische Beschwerden.

Zahlreiche sozialwissenschaftliche Arbeiten beschäftigen sich mit der Problematik, daß sich gerade im Jugendalter tiefgreifende Veränderungen ergeben haben, die ausgelöst wurden durch gewandelte Struktureigenschaften und Risikopotentiale moderner Industriegesellschaften.

Stellvertretend sollen einige Kernaussagen zusammengefaßt werden:

Vielfach findet sich in der jugendtheoretischen Diskussion die Aussage, daß sich die Widersprüche, die in der Jugendrolle prinzipiell angelegt sind, unter gegenwärtigen gesellschaftlichen Bedingungen dramatisch verschärfen. Nach dieser These gibt es eine Jugendphase, die durch ein Moratorium gekennzeichnet und auf Zukunft ausgerichtet ist, nicht mehr.

Jugend kann immer weniger als eine klar definierte Statuspassage von der Kindheit bis in das Erwachsenenalter betrachtet werden. Dennoch wird an ihr als gesellschaftliche Programmatik festgehalten, obwohl die subjektiven Erfahrungen junger Menschen dazu in vielfältiger Weise im Widerspruch stehen. „Und die vielerlei Formen, in denen Jugendliche heute auf die gesellschaftlichen Verhaltenserwartungen in Familie, Schule, Ausbildung, gesellschaftlichen Organisationen reagieren, wären dann als Antwort auf eine innerlich unmöglich gewordene, weil gesellschaftlich nicht mehr abgestützte, aber dennoch weiterhin offiziell zugemutete und trotz ihrer Brüchigkeit behauptete Organisationsform Jugend zu verstehen".[13]

Es lassen sich verschiedene jugendspezifische „Problemfelder" ausmachen, an denen ein Zusammenhang zwischen psychosozialen Belastungen und verstärktem Drogengebrauch verdeutlicht werden kann. Dies scheint dann der Fall zu sein, wenn während der schulischen Laufbahn Benachteiligungen empfunden werden oder wenn schulisches Leistungsversagen bewältigt werden muß, wenn dauerhafte Konflikte mit den Eltern bestehen oder wenn sich die Beziehungen zu Gleichaltrigen nicht zufriedenstellend gestalten. Im folgenden soll auf die einzelnen Bereiche näher eingegangen werden:

4.1. Schule

In verschiedenen Untersuchungen wird darauf hingewiesen, daß schwache Schulleistungen - häufige Begleiterscheinungen sind: Absentismus, schlechtes Lehrer-Schüler-Verhältnis, Nicht-Versetzung oder vorzeitiger Abbruch der Schullaufbahn - mit erhöhtem Drogenkonsum signifikant korrelieren.[14] Dieser Sachverhalt soll an dieser Stelle nicht weiter diskutiert werden.

Ein differenzierteres Bild zeigen die Ergebnisse der Bielefelder Studie „Jugendspezifische Belastungen und Drogenkonsum".[15] Es wird nicht nur deutlich, daß in der Gruppe von Schülern mit schwachen Schulleistungen der Anteil von Drogenkonsumenten signifikant höher liegt als bei anderen Gruppen. Interessant ist vor allem das Faktum, daß der subjektiv empfundene Leistungsdruck zunächst unabhängig von tatsächlich erbrachten Resultaten in Prüfungen, Klausuren, Klassenarbeiten usw. mit erhöhtem Drogenkonsum einherzugehen scheint. Letztlich ist die eigene Bewertung des Schulerfolgs von ausschlaggebender Bedeutung.

Wenn der junge Mensch in der schulischen Laufbahn Benachteiligungen erfährt, etwa durch den Besuch einer Schulform mit niedrigem Sozialprestige, kann sich sein Drogenkonsum verstärken. Mit hoher Wahrscheinlichkeit trägt auch schulisches Versagen, z.B. Wiederholen der Schulklasse oder Schulwechsel wegen schlechter Leistungen, zur Verstärkung des Konsums bei.

Konsum von Drogen im Jugendalter - so lautet die Schlußfolgerung - stellt ein Indikator für subjektiv erlebte Statusprobleme dar. Schulschwierigkeiten und Schulversagen lösen häufig gestörte Selbstwertgefühle aus. Da Leistungs-, Beliebtheits- und Konformitätsstatus miteinander korrelieren, besteht die Gefahr, daß Schüler in niedriger Leistungsposition zu unbeliebten und sozial mißachteten Außenseitern werden.

Schulen in unserer hochentwickelten Industriegesellschaft haben sich in den vergangenen Jahrzehnten in leistungsorientierte Massenorganisationen verwandelt, in denen die Lern- und Arbeitsbedingungen für Schüler und Lehrer oft mit erheblichen psychosozialen Belastungen verbunden sind. Es zeigen sich Anzeichen für wachsende soziale Isolation der Schüler untereinander und eine gegenseitige Verstärkung schulischer und familiärer Probleme. Als Randbedingungen, die Streß auslösen, werden angeführt: Leistungsdruck und individuelle Konkurrenz, die Überbetonung theoretischen Wissens auf Kosten emotionaler und praktischer Fähigkeiten, Fremdbestimmung und Anonymität.

Zwar konnten durch den Prozeß der „Bildungsexpansion" die Chancen der jungen Generation, einen qualifizierten Bildungsabschluß zu erwerben, erheblich verbessert werden: 35 % eines entsprechenden Altersjahrganges erwerben eine Zugangsberechtigung zur Universität oder Fachhochschule, weitere 35 % erhalten einen Abschluß der Sekundarstufe I nach 10 Jahren Schulbesuch. Diese Werte beliefen sich in den 60er Jahren noch auf ein Fünftel des heutigen Standards.

Die verlängerten Ausbildungszeiten schoben für die große Mehrzahl der Jugendlichen den Übergang in das Beschäftigungssystem bis an das Ende des zweiten oder in das dritte Lebensjahrzehnt hinaus. Als Folge ergibt sich, daß eine unmittelbare gesellschaftliche Nützlichkeit durch produktive Tätigkeit relativ spät erfahrbar wird und die materielle Existenzsicherung nicht eigenverantwortlich erfolgt.

Zwar werden durch Schule intellektuelle Fähigkeiten gefördert, doch räumt Schule nur wenig Verantwortungserlebnisse ein, ermöglicht wenig Solidaritätserfahrung und leistet einer individualistischen Leistungsmoral Vorschub. Lernprozesse vollziehen sich im Raum der Schule in der Regel abstrakt; zudem liegt ein hohes Maß an Fremdbestimmung vor.[16]

4.2. Peer-group-Einfluß

Konformitätsdruck in der Gleichaltrigengruppe („peer conformity pressure") stellt in Verbindung mit den Veränderungen und Schwierigkeiten der Adoleszenz eine der wichtigsten Ursachen für den Beginn jugendlichen Drogenkonsums und für Genußmittelabhängigkeit dar. Dieser Sachverhalt ist häufig beschrieben worden und stellt in der Forschung ein Feld mit konsistenten Ergebnissen dar.[17] Das Konsumverhalten der Freunde hat Auswirkungen auf den eigenen Konsum und beeinflußt entscheidend das eigene Gebrauchsmuster. Eine eigenständige Erfahrung mit Drogen macht nur ein geringer Bruchteil der Heranwachsenden, das eigentliche Experimentierfeld ist fast immer die peer-group. Die Untersuchungen von KANDEL ET AL. zeigen, daß in den Vereinigten Staaten insbesondere der Marihuanagebrauch vom Konsumverhalten der Freunde abhängig ist. Dies trifft in einem derart hohen Ausmaße für kein anderes Suchtmittel zu.[18]

Stellt auf der einen Seite peer conformity pressure ein auslösender Faktor für Drogenkonsum dar, so können andererseits schwierige Integrationsprozesse innerhalb der Gleichaltrigengruppe zu einer Verunsicherung im Hinblick auf die soziale Orientierung und zu Selbstwertkrisen führen. Mißlingt die soziale Integration in die Altersgruppe, so besteht die Gefahr der sozialen Isolierung und der sexuellen Fehlentwicklung.

Mangelnde Anerkennung in einer Freundesgruppe und fehlende Beliebtheit gelten als streßauslösende Faktoren, die Drogenkonsum bedingen können. So stellt der Prestigestatus innerhalb der Freundesgruppe ein wichtiger Faktor bezüglich des Rauchens im Jugendalter dar. Gruppenmitglieder versuchen mit dem demonstrativen Rauchen geringes Ansehen in der Gruppe aufzuwerten und einen niedrigen sozialen Status auszugleichen.[19]

Was den Einfluß der peer-groups anbelangt, so haben soziologische Studien belegt, daß ihre Bedeutung in den vergangenen zwanzig Jahren erheblich zugenommen hat. Diese Bedeutungszunahme scheint ein Vorgang zu sein, der parallel zu der frühen sozialen Ablösung von der Herkunftsfamilie verläuft.

Peer-groups helfen bei der Bewältigung täglicher Belastungen und akuter Krisen, geben Orientierungshilfen für die Entfaltung eines eigenständigen Lebensstils und erleichtern die Knüpfung sozialer Kontakte. Ihr Einfluß auf die Persönlichkeitsentwicklung und die soziale Selbstentfaltung ist sehr hoch einzuschätzen. Im Gegensatz zu den Interaktionsfeldern Familie und Schule ermöglicht die Gleichaltrigengruppe ihren Mitgliedern vollwertige Teilnahmechancen.

Junge Menschen in unserer Gesellschaft verfügen heute - anders als im Vergleich zu den 50er und 60er Jahren - über große Spielräume zur eigenen Selbstentfaltung und Selbstverwirklichung; Autonomie, Spontaneität, Kreativität und Individualität können in hohem Grade gelebt werden. Dieses Entwicklungspotential muß sich freilich in einer Gesellschaft entfalten, die permanent zum Ausdruck bringt, daß ihre Angebote völlig unverbindlich sind und in hohem Maße dem jeweiligen Zeitgeist unterliegen. Zudem scheinen zunehmende gesellschaftliche Chancen der Individualisierung, der Vielfalt und Buntheit die Identitätsentwicklung und Lebensplanung zu erschweren, narzißtischen Konfliktlösungen Vorschub zu leisten und die Frage nach dem Lebenssinn kaum mehr beantwortbar zu machen.

4.3. Familie

Die Forschung auf diesem Feld hat sich vorwiegend mit der Frage beschäftigt, welche Zusammenhänge zwischen dem Nikotin-, Alkohol-, Medikamenten- und Drogenkonsum der Eltern und dem Drogenkonsum der Kinder bestehen.[20] Auf eine Korrelation zwischen dem Alkoholkonsum der Väter, dem Zigarettenkonsum der Mütter und dem Drogenkonsum ihres jugendlichen Klientels verweisen HORNUNG ET AL.[21]

SIEBER zeigt die Zusammenhänge zwischen dem Spirituosenkonsum der Mütter und dem späteren Haschischkonsum der Söhne, sowie der Alkoholintoxikation der Väter und dem späteren Tabakkonsum der Kinder auf. Er weist darauf hin, daß der regelmäßige, gesellschaftlich akzeptierte Weinkonsum im Elternhaus besonderen Einfluß auf den Alkoholkonsum der Söhne hat.[22]

Es konnte auch gezeigt werden, daß ungünstige Sozialisationsbedingungen in der Familie, vor allem ein kontrollierender und restriktiver Erziehungsstil der Eltern und ein ungünstiges emotionales Familienklima, dem Alkoholkonsum im Jugendalter Vorschub leisten. Jugendliche, die familiale Konflikte nicht produktiv verarbeiten können, sondern diese leugnen oder verdrängen, unterliegen einer höheren Alkoholgefährdung als Jugendliche, die gelernt haben, sich aktiv mit ihren alltäglichen Problemen auseinanderzusetzen.[23]

Häufig wird in Familien mit suchtmittelmißbrauchenden Heranwachsenden die Beobachtung gemacht, daß die Eltern selbst eine realitätsgerechte Verarbeitung von Spannungen und Konflikten nicht gelernt haben. Sie tradieren gerade jene Verhaltensweisen und Einstellungen weiter, die gesundheitliche Risiken in sich bergen.

In früheren Untersuchungen wurde dem Faktor Vollständigkeit bzw. Unvollständigkeit der Familie (broken home) besondere Bedeutung beigemessen. Epidemiologische Studien konnten aufzeigen, daß junge Menschen mit Drogenkontakt signifikant häufiger aus getrennten und geschiedenen Familien stammen, in denen die Beziehungen zu den Eltern negativ erlebt wurden.

In den neueren empirischen Untersuchungen wird dieser Faktor zurückhaltender bewertet, weil man sich inzwischen bewußt ist, daß die Unterscheidung von intakten bzw. nicht-intakten Familien nicht unbedingt daran abzulesen ist, ob die Familie komplett ist. Entscheidend ist, ob ein Sozialisationsklima herrscht, das dem Kind emotionale Stabilität für seine Entwicklung gibt.

Etliche Untersuchungen kommen zugleich zu dem Ergebnis, daß bei jugendlichen Abhängigen häufig eine in emotionaler, oft auch in lebenspraktischer und finanzieller Hinsicht sehr enge und abhängige Bindung zur Herkunftsfamilie besteht.[24]

Suchtmittelmißbrauch des Kindes verstärkt in der Regel das Bedürfnis seiner Eltern, Fürsorge zu mobilisieren oder es im Extremfall zu überwachen. Oft kommt es zu einer Infantilisierung des Jugendlichen durch die Eltern, er wird in übertriebenem Maße behütet und als hilflose, unmündige oder unfähige Person behandelt.

In den betroffenen Familien findet man auch eine sogenannte Hierarchiestörung, d.h. das süchtige Kind verbündet sich mit einem Elternteil gegen den verbleibenden Elternteil.

Studien zur Familientherapie weisen auf eine ganze Reihe von solchen Merkmalen hin.[25]

Das Wohlergehen und das Selbstwertgefühl der Angehörigen scheint in Familien, in denen ein Heranwachsender von Suchtmitteln abhängig ist, in engem Zusammenhang mit dem Verhalten des süchtigen Kindes zu stehen. In einer solchen Konstellation machen sich die Eltern auf Kosten ihrer psychischen und körperlichen Gesundheit gegenseitig für das Leiden und den Familienkonflikt verantwortlich. Oft wird vermieden, Probleme direkt anzugehen und Gefühle zu zeigen, dies geschieht allenfalls über einen Dritten, nämlich das drogenabhängige Kind.[26]

Die systemische Familienforschung konnte zeigen, daß oft unbewußte Erwartungen ein Familienmitglied dazu gebracht haben, eine bestimmte Rolle zu übernehmen. Die Familie wird nach diesem Ansatz als soziale Einheit betrachtet, in der jedes Mitglied eine bestimmte Rolle übernimmt, so daß sich die Familie insgesamt in einem psychosozialen Gleichgewicht befindet. Ändert ein Familienmitglied - z.B. der Suchtabhängige als Ergebnis einer Therapie - sein Verhalten, so müssen sich auch die anderen Mitglieder verändern.

Die raschen ökonomischen, sozialen und kulturellen Umbrüche in den letzten Jahren haben die Bedeutung der Herkunftsfamilie für junge Menschen erheblich verändert. Ihr Stellenwert hat, was den wirtschaftlichen Rückhalt und die Planung schulischer und beruflicher Karrieren anlangt, im Vergleich zu den vergangenen Jahrzehnten eher zu- als abgenommen.

Der Prozeß der Ablösung von der Herkunftsfamilie, der eine der wichtigsten Entwicklungsaufgaben im Jugendalter darstellt, gestaltet sich sehr differenziert. Durch verlängerte Schul- und Ausbildungszeiten erfolgt die Ablösung später als in der früheren Generation. Dies trifft freilich nicht für die Gestaltung des persönlichen Lebensstils (Konsum- und Freizeitbereich, Wohn- und Lebensgemeinschaften) zu. Hier hat die Rolle der Herkunftsfamilie an Bedeutung verloren. Der Ablösungsprozeß findet nicht mehr einheitlich statt, sondern in verschiedenen Bereichen zeitlich verschoben; die Beziehungen zur Familie verkomplizieren sich.

Es deutet derzeit vieles darauf hin, daß eine steigende Zahl von Familien nicht imstande ist, ihre Sozialisationsleistung zu erfüllen. Ehegemeinschaften zeichnen sich durch zunehmende zeitliche Instabilität aus; Familien sind zu sozialen Systemen mit großer Störanfälligkeit geworden. Es ist davon auszugehen, daß 25 bis 30 Prozent aller heute geschlossenen Ehen geschieden werden. Hinzu kommen jene, in denen ein Partner dauernd vom anderen Partner getrennt lebt. Da auch die Wiederverheiratungsquote abgenommen hat, hat die Zahl der Alleinerziehenden stark zugenommen. Es sind auch immer mehr Mütter mit Kindern unter 15 Jahren erwerbstätig und durch Haushalts- und Erwerbstätigkeit doppelt belastet.

Die hier kurz skizzierten Veränderungen der Familie haben Auswirkungen auf die psycho-soziale Entwicklung des Kindes, die sich in Umrissen allmählich abzeichnen.

5. Suchtvorbeugung in neuer Sicht: Prämissen, Optionen, Interventionen

Die vorigen Überlegungen haben gezeigt, daß eine Vielzahl von Faktoren zum jugendlichen Drogengebrauch führen können. Auch die neueren Forschungsergebnisse können die Gesamtheit der komplexen Vorgänge nicht vollständig erhellen, so daß eindeutige Aussagen darüber, welche Wege in die Abhängigkeit führen, nicht möglich sind.

Wirksame Prävention kann freilich nur auf der Basis verläßlicher Ergebnisse anwendungsbezogener Forschung betrieben werden. Verläßliche Ergebnisse anwendungsbezogener Forschung setzen jedoch gesichertes Grundlagenwissen voraus.

Es sind zwar viele Prädiktoren bekannt, die problematischen Suchtmittelgebrauch begünstigen, dennoch lassen sich keine zwingenden Kausalitäten ableiten. Von daher erfüllt sich auch die Hoffnung, das Übel könne durch spezifische Maßnahmen an der Wurzel gepackt werden, um Abhilfe zu schaffen, nicht.

So ist es z.B. nicht möglich, die Frage zu beantworten, warum nicht alle Kinder und Jugendlichen, die unter ähnlichen Lebensbedingungen aufwachsen, süchtig werden. Es gibt auch noch zu wenig Wissen darüber, welche Einflüsse Suchtverhalten stabilisieren und welche kompensatorisch wirken.

Es ist letztlich nicht eindeutig festzulegen, wie erfolgreiche Suchtprävention zu definieren ist. Denkbar ist, daß es bei Jugendlichen, die die Gesundheitsgefährdung von Rauchen oder Alkoholtrinken einsehen, zu einer Symptomverschiebung kommt, daß andere gesundheitsgefährdenden Verhaltensweisen als Konfliktbewältigung gewählt werden.

Andererseits ist deutlich geworden, daß Suchtmittelgebrauch eines Jugendlichen als Reaktion einer spezifischen Form der Auseinandersetzung mit Lebensanforderungen, Entwicklungsaufgaben und psychischen und sozialen Belastungssituationen zu interpretieren ist. Dabei kommt im Wechselspiel von begünstigenden und protektiven Faktoren den individuellen Fähigkeiten und Kompetenzen von Jugendlichen, sich mit Lebensanforderungen, Entwicklungsaufgaben sowie belastenden Situationen auseinanderzusetzen, eine entscheidende Rolle zu.

Suchtprophylaktische Bemühungen in der Vergangenheit haben deutlich gemacht, daß Strategien, die durch Information oder Abschreckung über die riskanten Folgen von Drogenkonsum jugendliches Verhalten gezielt beeinflussen wollen, enge Grenzen gesetzt sind. Sie können dann optimiert werden, wenn aufklärerische Aktivitäten die gesamte Lebenssituation von Jugendlichen berücksichtigen.

Suchtvorbeugung in neuer Sicht richtet die Aufmerksamkeit auf Belastungen und Risiken in der sozialen Umwelt und auf psychosoziale Faktoren, die ihre Bewältigung erleichtern. Eine Prämisse lautet, daß jede produktive Form der Problembewältigung Drogenmißbrauch im Jugendalter überflüssig macht. Ihre wissenschaftliche Ableitung fußt auf Einsichten der Sozialisationsforschung und Entwicklungspsychologie.

Ziel der Intervention ist auf der einen Seite die Milderung oder Beseitigung belastender Umweltbedingungen und auf der anderen Seite die Stärkung gesundheitsfördernder

Faktoren. In unserem Kontext heißt dies konkret: Alle Maßnahmen, die die sozialen Lebensbedingungen des jungen Menschen verbessern, die sein Selbstwertgefühl und seine Handlungskompetenz fördern, sind als Maßnahmen einer effektiven Drogen- und Suchtprävention zu bezeichnen. Unter diesem Blickwinkel ist neben den persönlichen Ressourcen (Handlungs- und Bewältigungskompetenzen) auch die Frage nach den emotionalen, sozialen, praktischen und ökonomischen Ressourcen zu stellen, die Jugendliche in belastenden Situationen unterstützen können. Dies verweist darauf, bildungs-, familien-, jugend- und sozialpolitische Maßnahmen auszubauen und soziale Netzwerke, die Unterstützung gewähren können, zu fördern.[27]

Da dem Drogenkonsum eine enorme gesellschaftliche und gesundheitliche Bedeutung zukommt, müssen prophylaktische Maßnahmen an den Ursachen ansetzen, d.h. bei den psychosozialen Funktionen, die sie im Alltag erfüllen. Wenn Drogen u.a. ein Mittel zur Bewältigung von belastenden Lebenssituationen darstellen, dann müßte es darum gehen, Handlungskompetenzen und Fertigkeiten zu vermitteln, um solche belastenden Situationen anders zu verarbeiten. Konkret heißt dies: solche unterstützenden Hilfen anzubieten, die Jugendliche in die Lage versetzen, komplizierte und belastende Ereignisse, die mit der spezifischen Lebensphase verbunden sind, sowie wiederkehrende Alltagssituationen zu bewältigen.

Neben der Förderung von individuellen Fähigkeiten ist es auch denkbar, die sozial-ökologischen Lebensbedingungen zu verändern bzw. zu verbessern. Zwar ist es sicher nicht immer möglich, psychosoziale Belastungen in der Umwelt von Kindern und Jugendlichen zu verringern. Dennoch sollten Maßnahmen auf dieses Ziel ausgerichtet sein. Dadurch nimmt die Wahrscheinlichkeit ab, daß Drogen als Ausgleich und als Kompensation konsumiert werden.

Große Bedeutung kommt neben der Verringerung von psychosozialen Belastungen unterstützenden Maßnahmen zu. Hier ist an eine Mobilisierung vorhandener Netzwerke zu denken, vor allem an eine Ausweitung der Beratungsangebote und an die intensive Nutzung schon bestehender Institutionen (z.B. psycho-soziale Beratungsstellen). Aber auch die Initiierung oder Förderung neuer Netzwerkelemente, z.B. von Selbsthilfeprogrammen, kann dazu gezählt werden. Dies können einerseits Programme sein, wie sie bereits gegen bestehende Abhängigkeiten existieren (etwa die Gruppe der Anonymen Alkoholiker), andererseits ist aber auch an alternative Programme gedacht, denen eine präventive Wirkung zukommen kann (z.B. Stadtteilprojekte).

Es soll freilich nicht verkannt werden, daß diese neue Sicht von Drogenvorbeugung den unmittelbaren Bezug zum Suchtmittelmißbrauch nur schwer erkennen läßt und daß Effekte kurzfristig nicht zu messen sind. So könnte die Gefahr bestehen, daß solche Maßnahmen als zu unspezifisch abgetan werden, daß sie als „Sozialhilfe" diskreditiert werden.

Die zwei Zieldimensionen, die ein neuer Anlauf in der Suchtprophylaxe im Blickfeld haben muß, lassen sich wie folgt darstellen:

<u>Intervention</u>

Zieldimensionen

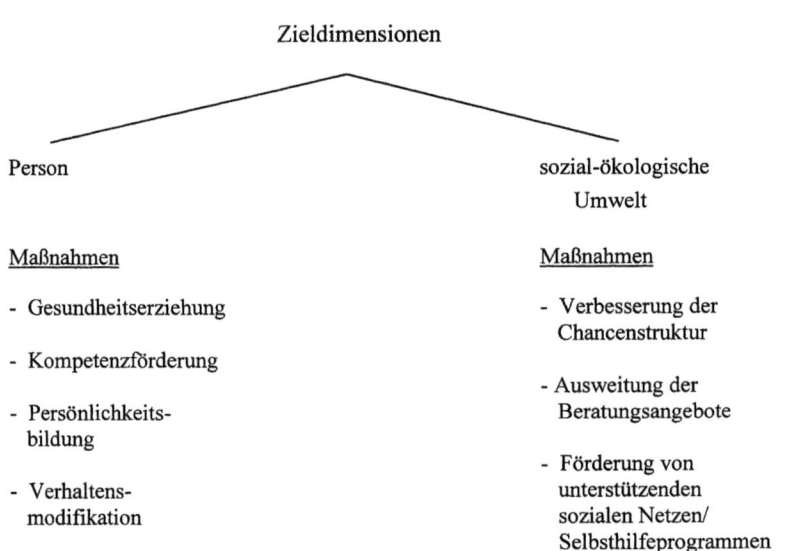

Person	sozial-ökologische Umwelt
<u>Maßnahmen</u>	<u>Maßnahmen</u>
- Gesundheitserziehung	- Verbesserung der Chancenstruktur
- Kompetenzförderung	- Ausweitung der Beratungsangebote
- Persönlichkeitsbildung	- Förderung von unterstützenden sozialen Netzen/ Selbsthilfeprogrammen
- Verhaltensmodifikation	

5.1. Interventionsbereich Schule

Im Interventionsbereich <u>Schule</u> gibt es eine Fülle von Möglichkeiten, um Drogengebrauch bzw. Mißbrauch in ihrem Bereich zu verhindern oder zu mindern. Der übergeordnete Gesichtspunkt besteht darin, die zwischenmenschlichen Beziehungen unter Lehrern, unter Schülern und zwischen Lehrern und Schülern zu verbessern, d.h. die emotionalen und sozialen Fähigkeiten zu fördern. Schule sollte die persönliche Selbstentfaltung und Persönlichkeitsdifferenzierung von Schülern entwickeln helfen. Wichtiger noch als präzise Wissensvermittlung ist die Erziehungsaufgabe des Lehrers, da viele Familien diese Aufgabe nicht leisten können. Eine präventive Strategie, die Abschrecken und rationale Erkenntnis zur Maxime macht, ist bekanntlich nicht nur hilfreich, sondern kontraproduktiv.

Das gesamte Lehrerverhalten und das Schulklima müssen auf den konstruktiven Umgang mit Konflikten ausgerichtet sein. Konflikte dürfen nicht unterdrückt und verdrängt werden. In einem sozialen Kompetenztraining sollten die Schüler lernen, Konflikte zu erkennen und in prosozialer friedlicher Weise zu lösen und zu verarbeiten.

40

Dies alles macht deutlich, daß präventive Maßnahmen auch an der Schulorganisation und den Curricula ansetzen müssen, zum Teil auch an außerschulischen Bedingungen.[28]

5.2. Interventionsbereich Familie

Im Interventionsbereiche Familie muß Familien- und Gesundheitspolitik auf die Veränderungen in den Familienkonstellationen reagieren und den vermehrten psychosozialen Belastungen, denen Familien durch die raschen Veränderungen in der technischen und sozialen Umwelt ausgesetzt sind, mehr Aufmerksamkeit schenken.

Belastungen der Eltern in Arbeitswelt und Haushalt, seien sie fremd- oder selbstauferlegt, beeinträchtigen mit Sicherheit auch die Chance, durch Vorbild, Verständnis, Geduld und Zuwendung die Lebensweise der heranwachsenden Kinder positiv zu beeinflussen.

Familienbildung, -freizeit und -beratung sowie verbesserte soziale Unterstützung in besonderen problemträchtigen Situationen sind ein wertvoller Ansatz und wirken indirekt als Erziehungsförderung. Als für Familien besonders belastende Lebenssituationen gelten:

- Krankheit/Tod eines Angehörigen

- Soziale Krisen (z.B. Arbeitslosigkeit)

- Familienzyklische Ereignisse (Geburt, Schuleintritt usw.)

Gerade für diese Problembereiche sollte Unterstützung entwickelt und angeboten werden, damit Familien diese Probleme bewältigen können.

Familienpolitik müßte auch auf solche soziale Unterstützung zielen, die zur Wirkung kommt, bevor Beziehungen brechen. Es kann die Hypothese formuliert werden, daß sich die Entwicklungsbedingungen in der kritischen Phase des Erwachsenwerdens um so günstiger gestalten, je wachstumsfördernder und unterstützender die Beziehung der Eltern zu den Kindern vor Eintritt in Jugendalter und Pubertät gewesen ist.

6. Schlußbemerkung

Im vorliegenden Beitrag wurden einige Ansatzpunkte präventiver Intervention skizziert. Neben einigen ätiologischen Gesichtspunkten zum Drogengebrauch wurde bei der Frage der Vorbeugung auf die Minderung oder Beseitigung von psychosozialen Risiken wie auch auf die Stärkung von Bewältigungskompetenzen und unterstützenden sozialen Netzen hingewiesen. Ein erster Schwerpunkt könnte dabei neben der individuellen Förderung der Schulleistungsfähigkeit bei Einrichtungen von Jugendberatung liegen, um junge Menschen im Umgang mit sozialen Konflikten und emotionalen Spannungen im außerschulischen und schulischen Bereich zu stärken.

Bei allen Bemühungen gilt aber als oberste Maxime einer intensiveren Gesundheitsförderung und Drogenvorbeugung im Jugendalter: Nicht Anpassung des jungen Menschen an belastende Strukturen der Umwelt sondern umgekehrt: Anpassung der Umwelt (Lernumwelt oder auch Arbeitswelt) an die psychosozialen Möglichkeiten und Bedürfnisse von jungen Menschen.

Der Forschung in diesem Bereich kommt - um ein beklagtes Defizit zu beseitigen - die Aufgabe zu, Maßnahmen der Prävention zu begleiten und die Möglichkeiten auszuloten, etwaige Erfolge zu evaluieren. So könnte Wissenschaft einen Beitrag leisten, um die Lebenswelten von jungen Menschen, die sich in den Bereichen Schule, Gleichaltrigengruppe und Familie konfliktreich darstellen, zu verbessern.

Literaturverzeichnis

1) Vgl. u.a. Nordlohne, E.: Die Kosten jugendlicher Problembewältigung. Alkohol-, Zigaretten- und Arzneimittelkonsum im Jugendalter. München: Juventa, 1992.

2) „Zu wenig Geld für Prävention". In: FAZ vom 24.11.1998.

3) Caplan, G.: Support systems and community mental health. New York: Behavioral Publications, 1974.

4) Deutsche Hauptstelle gegen die Suchtgefahren (Hrsg.): Drogenprävention - eine Standortbestimmung. Hamm 1980, S.10.

5) Wenzel, E.: Die Auswirkungen von Lebensbedingungen und Lebensweisen auf die Gesundheit - Synthese des Seminars. In: Europäische Monographien zur Forschung in Gesundheitserziehung, Bd. 5, Köln 1983, S. 7f.

6) Vgl. u.a. Bayerisches Staatsministerium des Inneren (Hrsg.): Jugend befragt Jugend. Repräsentativerhebung mit Jugendlichen in Bayern 1973, 1976, 1980, 1984.

7) Silbereisen, R./Kastner, P.: Jugend und Drogen: Entwicklung von Drogengebrauch - Drogengebrauch als Entwicklung? In: Oerter, R. (Hrsg.): Lebensbewältigung im Jugendalter. Weinheim 1985, S.192.

8) Sieber, M.: Zwölf Jahre Drogen. Verlaufsuntersuchung des Alkohol-, Tabak- und Haschischkonsums. Bern-Stuttgart-Toronto 1988.

9) Hurrelmann, K.: Lebensphase Jugend. Eine Einführung in die sozialwissenschaftliche Jugendforschung. Weinheim-München 1994.

10) Dreher, E./Dreher, M.: Wahrnehmung und Bewältigung von Entwicklungsaufgaben im Jugendalter. In: Oerter, R. (Hrsg.): Lebensbewältigung im Jugendalter. Weinheim 1985, S. 36.

11) Silbereisen, R./Kastner, P.: Jugend und Drogen: Entwicklung von Drogengebrauch - Drogengebrauch als Entwicklung?, a.a.0. Vgl. auch: Jessor, R.: A psychosocial perspective on adolescent substance use. In: Litt, I.F. (Hrsg.): Adolescent substance use: Report of the fourteenth Ross Roundtable. Columbus: Ross Laboratories, 1983.

12) Kastner, P./Silbereisen, R.: Jugendentwicklung und Drogen. Eine prospektive Längsschnittstudie als wissenschaftliche Begründung präventiver Intervention. In: Specht, W. (Hrsg.): Die gefährliche Straße. Jugendkonflikte und Stadtteilarbeit. Kritische Texte. Bielefeld 1987.

13) Hornstein, W.: Aufwachsen mit Widersprüchen – Jugendsituation und Schule heute. Rahmenbedingungen, Problemkonstellationen, Zukunftsperspektiven. Stuttgart 1990.

14) Sieber, a.a.0., 1988. Vgl. auch: Schmidtbauer, W./Scheidt, J.v.: Handbuch der Rauschdrogen. Frankfurt 1989.

15) Hurrelmann, K./Engel, U./Holler, B./Nordlohne, E.: Jugendspezifische Belastungen und Drogenkonsum. Forschungsbericht. Bielefeld 1986.

16) Hurrelmann, K.: Warteschleifen. Keine Berufs- und Zukunftsperspektiven für Jugendliche? Weinheim/Basel 1989.

17) Welz, R.: Epidemiologie des Drogengebrauchs. In: Kisker, K.P. et al. (Hrsg.): Psychiatrie der Gegenwart. III: Abhängigkeit und Sucht. Berlin-Heidelberg-New York 1987, S. 105-125.

18) Kandel, D.B./Davies, M./Karus, D./Yamaguchi, K.: The consequences in young-adulthood of adolescent drug involvement. In: Arch. Gen. Psychiatry, 43, 1986, S. 746-754.

19) Nordlohne, E.: Die Kosten jugendlicher Problembewältigung, a.a.O.

20) Sieber, M./Angst, J.: Drogen, Alkohol und Tabak. Ein Beispiel zur Epidemiologie und Ätiologie bei jungen Erwachsenen. Bern 1981. Zimmer-Höfler, D.: Vergleichsstudie zwischen Opiatabhängigen und einer Kontrollgruppe. In: Uchtenhagen, A./Zimmer-Höfler, D.: Heroinsüchtige und ihre „normalen" Altersgenossen. Bern-Stuttgart 1985.

21) Hornung, R./Schmidtchen, G./Scholl-Schaaf, M.: Drogen in Zürich. Verbreitung und Hintergründe des Drogenkonsums Jugendlicher. Bern 1983.

22) Sieber, M.: Zwölf Jahre Drogen, a.a.0.

23) Jacobsen, G./Stallmann, M./Skiba, E.-G.: Jugend und Alkohol. Ergebnisse einer Befragung Berliner Jugendlicher zum Alkoholkonsum. Berlin 1987.

24) Beiglböck, W./Feselmayer, S.: Abhängige und ihre Familien. In: DHS (Hrsg.): Sucht und Familie. Freiburg: Lambertus, 1993, S. 47-56.

25) Rothenbacher, H.: Sucht und Familie – Rollenverteilung und Kommunikationsstrukturen. In: Franz, H.J. (Hrsg.): Sucht und Drogen. Abhängigkeit, Mißbrauch, Prävention. Weingarten 1996², S. 11-36.

26) Rothenbacher, a.a.0. Vgl. auch: Schmidt, G.: Rückfälle von als suchtkrank diagnostizierten Patienten aus systemischer Sicht. In: Körkel, J. (Hrsg.): Der Rückfall des Suchtkranken. Berlin-Heidelberg-New York 1988, S. 173-213.

27) Franz, H.J.: Gesundheitsförderung - Prävention und soziale Unterstützung. In: Ministerium für Arbeit, Gesundheit und Soziales des Landes Nordrhein-Westfalen (Hrsg.): Prävention zwischen Genuß und Sucht. Dokumentation eines Symposiums in Köln am 14. und 15.3.90. Köln 1991, S. 143-160.

28) Franz, H.J.: Schule als Lebensort. In: Sucht und Umwelt. Geesthacht 1994.

Hermann Rothenbacher

Sucht und Familie - Rollenverteilung und Kommunikationsstrukturen

Zunächst drei Grundaussagen, die für die Thematik wichtig sind:

Sucht/Abhängigkeit ist immer das Ergebnis eines mehrjährigen, in der Regel langjährigen Prozesses. Sucht/Abhängigkeit entsteht also niemals durch irgend ein einmaliges, womöglich zufälliges Ereignis; es entsteht niemals z.B. durch irgend eine einmalige Verführungssituation, in der das angeblich völlig unauffällige Kind oder der völlig problemlose Jugendliche durch einen „bösen Freund/Mitschüler" zum Konsum irgend eines Suchtmittels verführt wird. Manche behaupten: „Mein Kind war immer völlig in Ordnung, und dann geriet es in diese schlimmen Kreise und plötzlich war es Drogenkonsument". Solche Geschichten entstammen immer dem Reich der Phantasie, möglicherweise auch der Lügen. In der Wissenschaft ist bekannt, daß Sucht/Abhängigkeit immer einen mehrjährigen Prozeß voraussetzt, der oft schon sehr früh beginnt und sich in Verhaltensauffälligkeiten äußern kann.

Süchtige Menschen sind in ihrer Persönlichkeitsentwicklung gestört, wobei gestört vielleicht nicht der richtige Ausdruck ist, aber sie sind jedenfalls auffällig und sie zeigen vor allem im zwischenmenschlichen Verhalten typische Reaktionsweisen. Man kann also nie sagen: „Der Mensch war völlig normal, dann kam er in Kontakt mit irgend einem Suchtmittel und plötzlich war er süchtig". Einer Sucht geht immer eine problematische Persönlichkeitsentwicklung voraus.

Sucht/Abhängigkeit entsteht immer als Folge von mehreren Entstehungsbedingungen. Sucht ist nicht monokausal zu erklären, sondern es liegt immer ein ganzes Bündel von Ursachen bzw. Entstehungsbedingungen zu Grunde, wobei die Zusammensetzung dieses Bündels sich von Individuum zu Individuum unterscheidet. Diese Entstehungsbedingungen lassen sich erst dann genauer beschreiben, wenn man sich sehr intensiv mit einem süchtigen Menschen befaßt hat.

Sucht/Abhängigkeit hat also verschiedene Ursachen, die zusammenkommen müssen, damit sich Sucht/Abhängigkeit im Rahmen eines langjährigen biographischen Prozesses entwickeln kann. Diese möglichen Bedingungen, die Sucht begünstigen, lassen sich grob in drei Gruppen unterteilen:

a) Faktoren, die mit der Droge bzw. dem Suchtmittel zu tun haben

b) Faktoren, die dem Individuum zuzuordnen sind, (z.B. konstitutionelle Voraussetzungen, Vererbung)

c) Faktoren des sozialen Umfelds, in dem sich ein Mensch mit seiner individuellen Persönlichkeit entwickelt

Abbildung 1:

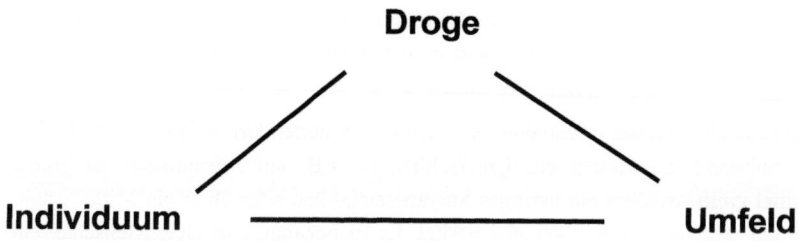

Was beinhaltet dieses Bündel nun im einzelnen? Zunächst beginnen wir bei der Droge (Abbildung 2).

Abbildung 2:

Droge:
    Griffnähe
    Suchtpotential
    Wirkungsspektrum
    Information/Aufklärung

Individuum:
    Psychologische Faktoren/Persönlichkeit
    Physiologische Faktoren

Umfeld:
    Familie
    Konsumsitten/Mißbrauchsakzeptanz
    Ritualisierung
    Soziale Integration (Schule, Arbeit, Beruf)

Zunächst zum Faktor Droge. Die Griffnähe kann bei der Entstehung einer Sucht/Abhängigkeit eine gewisse Rolle spielen. Dies soll an einem Beispiel verdeutlicht werden. Z.B. ein 17-jähriger Schüler hat Streß, Probleme, Ärger mit Eltern oder mit der Freundin, mit der Schule usw. und es stehen ihm keine anderen Möglichkeiten zur Verfügung, mit diesem Streß, mit diesen Spannungen umzugehen, als sich eben zu betäuben bzw. seine seelische Befindlichkeit durch den Konsum von psychoaktiven Substanzen zu manipulieren. Dabei kann Griffnähe oder Verfügbarkeit bei der Entscheidung eine Rolle spielen, ob ein Stoff konsumiert werden soll oder nicht. Griffnähe ist also bedingt von einer gewissen Bedeutung.

Eine Rolle spielt auch das Suchtpotential einer konsumierten Droge, also einer psychoaktiven Substanz. Es besteht ein Unterschied, ob z.B. ein Jugendlicher zu einem Suchtmittel greift, welches ein geringes Suchtpotential hat, oder ob er ein Mittel wählt, welches ein sehr hohes Suchtpotential besitzt. Es ist bekannt, daß viele Menschen ein Leben lang Alkohol konsumieren können, ohne pathologische Mißbrauchsformen zu entwickeln. Es gibt aber nur sehr wenige, die über längere Zeit Heroin konsumieren, ohne davon in Abhängigkeit zu geraten. Ursächlich hierfür ist, daß Heroin ein wesentlich höheres Suchtpotential besitzt als z.B. die psychoaktiven Substanzen Alkohol oder Nikotin. Ebenso hat Kokain ein extrem hohes Suchtpotential, das in relativ kurzer Zeit zu einer enormen psychischen Abhängigkeit führen kann. Wird hingegen in einer schwierigen angstbesetzten Lebenssituation vorübergehend ein leichtes Beruhigungsmittel konsumiert, werden nur sehr wenige an diesem Stoff hängen bleiben und den Konsum leicht aus eigener Kraft beenden können. Dies hängt damit zusammen, daß Beruhigungsmittel im Vergleich zu Kokain ein relativ geringes Suchtpotential besitzen. Zusammenfassend kann festgehalten werden, daß das Suchtpotential von psychoaktiven Substanzen von Bedeutung sein kann für die Frage, ob sich eine Abhängigkeit entwickelt oder nicht.

Ebenso ist das Wirkungsspektrum einer jeweils konsumierten Droge erheblich von Bedeutung für die Frage, ob ein Mensch in einer bestimmten Lebenssituation Suchtmittel konsumiert und Gefahr läuft, davon abhängig zu werden. Grundsätzlich unterscheiden wir zwei Wirkungsspektren bei psychoaktiven Substanzen, nämlich einmal euphorisierend und aufputschend, wie z.B. Amphetamine oder Kokain, oder sedierend und beruhigend, wie z.B. Alkohol. Sucht/Abhängigkeit wird wahrscheinlicher, wenn das Wirkungsspektrum eines Suchtmittels Persönlichkeitsdefizite eines Menschen ausgleicht oder verdeckt. So paßt zur antriebsarmen, passiven Persönlichkeit eher ein aufputschendes Mittel, beim überaktiven, gestreßten Menschen ist das sedierende und beruhigende Suchtmittel eher geeignet, diesen Menschen in seiner Befindlichkeit positiv zu stimulieren.

Der letzte Faktor, der mit der Droge zu tun hat, heißt Information oder Aufklärung. In der Vergangenheit haben sich unsere suchtprophylaktischen Bemühungen hauptsächlich auf diesen Faktor beschränkt. Es wurde flächendeckend informiert und aufgeklärt über die Drogen, wie sie wirken, wie sie aussehen, wie sie schmecken, wie sie riechen, was sie kosten usw. Das Ergebnis dieser rein suchtstoffbezogenen, vor allem auf Information und Aufklärung abhebenden Prophylaxekampagnen ist nur sehr gering. Man kann sagen: Eine Prophylaxe, die sich hauptsächlich auf Information und Aufklärung beschränkt, ist sinnlos. Wissenschaftliche Untersuchungen belegen dies eindeutig. Leider ist es auch bei uns immer noch so oder auch wieder so, daß für derartige Informations- und Aufklärungsveranstaltungen relativ viele Ressourcen zur Verfügung stehen, obwohl ihre Effizienz im günstigen Fall null ist, oder sie gar kontraproduktiv wirken.

Nun zu den individuellen Faktoren, die bei der Suchtentwicklung eine Rolle spielen. Hier muß man unterscheiden zwischen den psychologischen Faktoren, d.h. der Frage nach der Persönlichkeit, sowie den physiologischen Faktoren. Bezüglich der physiologischen Faktoren geht es um die Frage: Wird eine Suchtdisposition vererbt oder nicht? Hierzu kann man im Prinzip folgendes festhalten: Es gibt bei manchen Süchten vage Hinweise, daß tatsächlich eine Disposition vererbt wird. Dies gilt hauptsächlich für pathologischen Alkoholabusus. Diese genetischen Faktoren spielen jedoch im Gesamtkontext der Entstehungsbedingungen einer Sucht nur eine nachrangige Rolle.

Wesentlich bedeutender sind dagegen psychologische Faktoren, also die Frage: Gibt es bestimmte Persönlichkeitsstrukturen, die die Entwicklung einer Sucht begünstigen? Vorab: Es gibt bestimmte Persönlichkeitsanteile, die, wie wir später sehen werden, eine Suchtentwicklung deutlich begünstigen. Diese Persönlichkeitsentwicklung eines Menschen wird wesentlich mit beeinflußt durch das familiäre Milieu. Die Familienverhältnisse, vor allem im ersten Lebensjahr eines Menschen, spielen eine entscheidende Rolle für das Gelingen einer positiven Persönlichkeitsentwicklung. Da diese Entwicklung in der Kindheit als Prägung verläuft, ist diese Phase sogar bedeutender als all das, was im späteren Lebensalter nachfolgt.

Kommen wir zum dritten Faktorenbündel, zum Umfeld, das sich in Familie, Konsumsitten/Mißbrauchsakzeptanz, Ritualisierung und soziale Integration aufgliedert.

Auf den wichtigsten Unterpunkt des Faktorenbündels Umfeld, nämlich die Familie, wird später noch intensiver eingegangen werden. Wie steht es nun um den Einfluß der Konsumsitten bzw. der Mißbrauchsakzeptanz in einer Gesellschaft auf die Suchtentstehung? Man sollte deren Rolle und Bedeutung nicht überbewerten, denn es gibt sehr unterschiedliche Konsumsitten in den verschiedenen Kulturkreisen unserer Erde. Trotz dieser sich unterscheidenden Konsumsitten ist die Häufigkeit des Alkoholismus in den jeweiligen Bevölkerungen nicht hoch signifikant unterschiedlich. Unterschiedliche Konsumsitten haben also nicht zwingend eine wesentliche Bedeutung für die Ausprägung von Alkoholismus in einer Population. Wenn es gelingen würde, die Konsumsitten von Alkohol in unserer Gesellschaft wesentlich zu verändern, wäre ein nennenswerter Rückgang des Alkoholismus unwahrscheinlich. Ebenso spielt die Höhe der Mißbrauchsakzeptanz nicht die entscheidende Rolle für die Entwicklung des Alkoholproblems in einer Bevölkerung. Allerdings hat sie eine Bedeutung für die Frage der Folgeschäden. In den skandinavischen Ländern sind die Konsumsitten anders, es ist dort schwieriger und auch wesentlich teurer, Alkohol rund um die Uhr zu konsumieren. Dies ist eine bewußt gewollte politische Linie, den Alkoholkonsum und den Erwerb zu erschweren. Allerdings führt dies nicht zu einem Rückgang der Alkoholismushäufigkeit, aber es führt zu einem signifikanten Rückgang der Alkoholfolgeschäden, deren Behandlung bekanntlich unser Gesundheitsbudget enorm belastet. In unserer Gesellschaft ist die Einstellung zum Alkoholgebrauch permissiv. Erschwerend kommt hinzu, daß in unserer Gesellschaft der Konsum von Alkohol stark entritualisiert ist. Dies hat zur Folge, daß Ritualisierung als Schutzfaktor vor Mißbrauch wesentlich entfällt. Wie zerstörerisch sich die Entritualisierung eines Suchtmittelgebrauches auswirken kann, zeigt der Massenkokainismus, wie er nach der Zerstörung der Inkakultur aufgetreten ist. Rituale sind zwar Schutzfaktoren gegen Mißbrauch von Suchtmitteln, man sollte sie jedoch nicht überbewerten. Im übrigen besteht zu dieser Frage noch Forschungsbedarf, so daß Abschließendes noch nicht gesagt werden kann.

Ein weiterer Faktor, der bei der Entstehung von Sucht eine Rolle spielt, ist die soziale Integration, also die Frage, inwieweit es einem jungen Menschen gelingt, sich z.B. in der Schule zu integrieren, die Schule zu absolvieren, und wie es ihm gelingt, eine Berufsausbildung abzuschließen und sich an einem Arbeitsplatz zu integrieren. Die fundamentale Bedeutung von Arbeit als strukturierendes und sinngebendes Element in unserem Leben muß an dieser Stelle nicht näher erläutert werden.

Um nunmehr weiter zu denken, müssen wir unterscheiden zwischen den Faktoren, die wir beeinflussen können, und solchen, die wir nicht oder nur wenig modifizieren können. Weniger oder gar nicht beeinflußbar ist natürlich der Faktor Suchtpotential. Es ist eine biologisch determinierte Größe, die sich nicht verändern läßt. Nicht oder nur wenig beeinflußbar sind auch physiologische Faktoren sowie die Konsumsitten in einer Kultur. Die ganze Historie des Abendlandes zeigt über viele Jahrhunderte hinweg, daß immer wieder versucht wurde, die Konsumsitten bezüglich des Alkoholgebrauchs zu verändern. Der Erfolg war allerdings nie befriedigend.

Beeinflußbar dagegen (siehe Abbildung 3), und zwar von jedem von uns als Individuum, ist zunächst die Persönlichkeitsentwicklung eines Kindes, das in einer Beziehung aufwächst. Beeinflußbar sind die Strukturen der Familie. Über Strukturen von sogenannten Suchtfamilien ist einiges bekannt, was noch näher erläutert werden wird. Beeinflußbar ist auch das Ausmaß der sozialen Integration, z.B. inwieweit wir als

Gesellschaft geeignete Entwicklungs- und Fördermöglichkeiten sowie Arbeit zur Verfügung stellen. Dies wäre letztendlich also ein gesamtgesellschaftliches Problem, aber es wäre beeinflußbar, was allerdings sehr teuer wäre. Beeinflußbar ist letztlich auch die Griffnähe einer Droge, ebenso das Ausmaß der Information und Aufklärung.

Abbildung 3:

Entstehungsbedingungen Sucht

Beeinflußbare Faktoren:	**Persönlichkeit**
	Familie
	Soziale Integration
	Griffnähe
	Information/Aufklärung
Wenig-/Nicht beeinflußbare Faktoren:	**Suchtpotential**
	Physiologische Faktoren
	Konsumsitten/
	Mißbrauchsakzeptanz

Wenn wir nun fragen, welches erstrangige Faktoren sind, die bei der Suchtentwicklung eine entscheidende Rolle spielen, bleiben als erstrangig und beeinflußbar

- die Persönlichkeit bzw. Persönlichkeitsentwicklung,
- die Familie mit ihren Strukturen und Kommunikationsmustern und
- die Sozialintegration

übrig.

Dies sind die drei wirklich erstrangigen und beeinflußbaren Faktoren (siehe Abbildung 4).

Abbildung 4:

Entstehungsbedingungen Sucht

Erstrangige Faktoren: Persönlichkeit

                                      Familie

                                      Soziale Integration

Zweitrangige Faktoren: Griffnähe

                                      Physiologische Faktoren

                                      Konsumsitten/

                                      Mißbrauchsakzeptanz

                                      Information/Aufklärung

                                      Suchtpotential

**Erstrangige und
beeinflussbare Faktoren:**   Persönlichkeit

                                      Familie

                                      Soziale Integration

Es ist also gesundheitspolitisch und prophylaktisch falsch, große Mittel in Faktoren wie z.B. Information oder Aufklärung zu investieren, da es sich um sekundäre und relativ bedeutungslose Aspekte handelt. Beeinflußbar und erstrangig sind allein Persönlichkeit, Familie und soziale Integration. Insbesondere der Faktor Familie wird im folgenden interessieren.

Zuvor noch etwas zur Persönlichkeit.

Die Frage könnte lauten: „Was kennzeichnet süchtige Menschen?"

Gibt es also typische Merkmale für Menschen, die von einer Droge mit psychoaktiver, zentralnervöser Wirkung körperlich und/oder seelisch abhängig sind ?

52

Abbildung 5:

Psychologische
Faktoren/Persönlichkeit:

Selbstachtung

Selbstwertgefühl

Lebenskompetenz

Soziale Kompetenz

Symbiotische Beziehungen

Versorgungshaltung

Vermeidungshaltung

Projektive Haltung

Bei vielen Suchtkranken finden wir einen zentralen Mangel an Selbstwertgefühl und Selbstachtung (siehe Abbildung 5).

Die meisten Suchtkranken haben von sich selbst ein negatives Bild. Sie verachten sich, sie akzeptieren sich nicht so, wie sie sind, sondern sehen sich als etwas Schwaches und im Grunde nicht Liebens- und Lebenswertes. Hieraus leiten sich auch die starken autodestruktiven Tendenzen ab, die zu der Haltung führen, daß es besser ist, sich selbst zu zerstören, da es sich nicht lohnt so zu leben, wie man beschaffen ist.

Ob sich bei einem Kind Selbstachtung und Selbstwertgefühle entwickeln, hängt wesentlich vom familiären Milieu, später natürlich auch vom schulischen Milieu ab. Wird ein Kind durch übertriebene Leistungsansprüche ständig überfordert, indem es permanent an denen gemessen wird, die bessere Leistungen erbringen, dann ist natürlich die Entwicklung eines Selbstwertgefühles extrem behindert. Der Einfluß von Schule und Lehrzeit ist im Vergleich zur Sozialisation in der Familie nachrangig.

Suchtkranke Menschen zeichnen sich durch einen Zentralmangel an Lebenskompetenz aus. Lebenskompetenz heißt, Spannungen ertragen zu können, einer unmittelbaren Bedürfnisbefriedigung zu widerstehen und nicht gleich in Panik zu verfallen oder die Flucht zu ergreifen, wenn gefühlsbesetzte Situationen auf einen zukommen. Sich einer realen Situation zu entziehen, indem man sich mit irgendwelchen Suchtmitteln „zuknallt", ist eine Form der Flucht und des sozialen Rückzugs. Zur Lebenskompetenz gehört aber auch eine gewisse Durchsetzungsfähigkeit im Sinne von „Nein" sagen können, sich abgrenzen können, sich nicht ausnutzen lassen von anderen, also seine eigenen lebenserhaltenden Bedürfnisse auszudrücken und seinen eigenen Weg gehen zu können und somit nicht immer nur in Abhängigkeit von anderen zu bleiben.

Zur Lebenskompetenz gehört auch die Fähigkeit, zum anderen Geschlecht soziale Kontakte knüpfen zu können. Gerade im Bereich der Sexualität haben viele Süchtige massive Probleme, die sie allerdings nicht vor sich hertragen, sondern die man erst häufig im Laufe mehrmonatiger Therapie bemerkt.

Menschen, die einen Mangel an Selbstachtung, an Selbstwertgefühl, einen Mangel an Lebenskompetenz, an sozialer Kompetenz haben, sind hochgradig gefährdet für die Entwicklung einer Sucht im Laufe ihres Lebens.

Auf der Verhaltensebene erkennt man diese gefährdeten Menschen daran, daß sie zu starken symbiotischen Beziehungen neigen, zu symbiotischer Abhängigkeit von Eltern oder vom Partner, wobei die Rollen sehr unterschiedlich gewichtet sind. Häufig ist der Gegenpart in einer fürsorglichen, verwöhnenden, ernährenden, versorgenden und auch dominierenden Rolle, während der Süchtige selbst in einer konsumierenden, passiven, sich verwöhnen lassenden, sich gewissermaßen als Kind behandeln lassenden Rolle ist.

Es liegt häufig also eine symbiotische Verbindung vor, wobei zunächst beide Teile der Beziehung einen Gewinn haben. Süchtige leben oftmals in einer Versorgungserwartung und signalisieren damit dem Partner bzw. dem Freund, dem Mann, der Frau, dem Arbeitskollegen oder auch dem Therapeuten: „Du bist verantwortlich, daß es mir gutgeht, und wenn es mir jetzt schlecht geht, dann bist du schuld daran." Dieses Suggerieren von Schuldgefühlen und Verantwortlichkeit für die eigene Befindlichkeit erleben wir in Beziehungen von Süchtigen mit Partnern extrem häufig. Oftmals ist es der Gegenpart, der sich dann sogar Vorwürfe macht nach dem Motto: „Ich helfe immer noch nicht genug, ich muß noch mehr tun, ich muß mich noch mehr opfern, noch mehr, noch mehr ....."..

Vermeidungshaltung bedeutet, daß suchtkranke Menschen in der Regel Angstsituationen, streßbesetzte Situationen, Spannungssituationen eher vermeiden und dadurch sehr viele Nachteile in ihrem Leben erleiden. Ein Wutstau, der sich oft über lange Zeit angesammelt hat, wird dann durch den Konsum von Suchtmitteln aggressiv entladen. So ist es für diese Menschen schwierig, adäquat Konflikte zu verarbeiten.

Ebenso finden sich bei Suchtkranken projektive Haltungen. Schuldzuweisung an andere, vor allem an den Partner, aber auch generell an die Gesellschaft, an die Umstände, an die Schule, an die Politik werden inadäquat zur Konfliktverarbeitung eingesetzt. Diese projektive Haltung kann bei Suchtkranken solche Ausmaße annehmen, daß es zu einer totalen Verweigerung der Eigenverantwortlichkeit kommen kann. Anstatt sich mit sich selbst auseinander zu setzen, wird die Verantwortung und die Schuld von sich selbst weg auf andere projiziert.

Nun zur Kernfrage der Ausführungen: Welches sind die Merkmale von Familien, in denen suchtgefährdete oder suchtkranke Menschen leben ?

Anders ausgedrückt: Welches sind Merkmale von Familien, in denen ein Mitglied suchtkrank ist?

Abbildung 6:

Merkmale in Familien mit suchtgefährdeten/-kranken Jugendlichen

1   **Tabuisierung** von **Gefühls**äußerungen

2   überwiegend **negatives Kommunikationsmuster**

3   **Erziehungs**stil: Mangel an **Konsens** und **Konsequenz**

4   **Konflikt**vermeidung (z.B. Verleugnung, Flucht)

5   **Hierarchie**störung, **Intergenerationsbündnis**, unbewußte Komplizenschaft Eltern - Jugendlicher

6   **Triangulation**, Jugendlicher als stabilisierendes Streit-Objekt (...kittet Beziehungen/Ehen)

7   **Infantilisierung** des Jugendlichen durch die Eltern (...wie halte ich mein Kind abhängig und klein)

8   **Projektion** von **Wünschen** der Eltern auf den Jugendlichen (Leistungsdruck - Held - Versager, „verlorenes Kind", Clown, schwarzes Schaf)

9   **Harmonisierungs-** und **Verleugnungs**tendenz (...nichts in der Familie darf sich ändern)

zu 1.

In Suchtfamilien gilt häufig die Regel: „Gefühle hat man nicht, und wenn man sie hat, dann hat man sie nicht zu zeigen, Gefühle sind also tabu".

Mit Hilfe des Abwehrmechanismus „Tabuisierung" gelingt es Suchtfamilie, sich der Bilanzierung einer negativen Lebenssituation zu entziehen. Ein Aufbrechen dieser

Verhaltensweise könnte sehr aufwühlend und aufreißend sein, so daß es möglicherweise dann zu Dekompensationen kommen könnte. Tabuisierung hilft Suchtfamilien, negative Wahrheiten nicht zum Vorschein kommen zu lassen.

zu 2.

In Suchtfamilien finden sich häufig negative Kommunikationsmuster, was bedeutet daß Kommunikation im Prinzip nur über Negatives, das heißt über Tadel, Kritik, Nicht-zur-Kenntnis-nehmen der Bedürfnisse Anderer und ähnlichem abläuft.

Das Negative wird also angesprochen, das Positive meistens nicht erwähnt. Über diesem Negativismus in der Kommunikation wird langfristig das Selbstwertgefühl stark reduziert.

zu 3.

Der Erziehungsstil in Suchtfamilien ist häufig durch einen Mangel an Konsens und Konsequenz gekennzeichnet. Häufig wird auf das Kind insofern Druck ausgeübt, als ein Elternteil sich in einer verwöhnenden, alles verzeihenden, den Jugendlichen wie ein Kleinkind behandelnden Rolle bewegt, während der andere Partner eher eine fordernde, leistungsbetonte, ja fast unerbittliche Rolle einnimmt.

zu 4.

Nun könnte man einwenden, daß es normal sei, daß ein Elternpaar unterschiedlicher Meinung ist. In Suchtfamilien werden aber häufig diese unterschiedlichen Standpunkte nicht ausgetragen, es kommt also zu keinem konstruktiven Austausch. Durch diese festgefahrenen Verhaltensmuster, die sich immer wieder wie eine Langspielplatte wiederholen, wird es für den Heranwachsenden relativ leicht, sich konsequenzlos durchzumanövrieren. Dadurch erreicht er auch eine enorme Machtposition.

zu 5.

Hierachiestörung bedeutet, daß es nicht zum Bündnis der Elterngeneration und zum Bündnis der Kindergeneration kommt, sondern daß Bündnisse zwischen den Generationen eingegangen werden. Dieses sogenannte Intergenerationsbündnis kann zu einer Komplizenschaft zwischen einem Elternteil und dem Jugendlichen führen. Diese Komplizenschaft ist kein echtes, sinnvoll konstruktives, die Entwicklung des Jugendlichen förderndes Bündnis, sondern evoziert ein unoffenes und im Grunde destruktives Verhalten.

zu 6.

Triangulation heißt zunächst auf der verbalen Ebene, daß der Austausch nicht direkt läuft, sondern über einen Dritten. So sagt z.B. der Vater: „Du Mutter, sorge dafür, daß er dieses oder jenes tut....", d.h. der Vater wendet sich an die Mutter, obwohl er sich eigentlich direkt an den Sohn wenden müßte. In Suchtfamilien ist dieses System häufig perfekt entwickelt. Diese Triangulation geht aber auch über die verbale Ebene hinaus. Es kann auch bedeuten, daß zwei Familienmitglieder sich über einen Dritten Lebenssinn holen, dies ist eben häufig der Suchtkranke. So kann es dazu kommen, daß Eltern das suchtkranke Kind ausbeuten, indem sie sich für ihre eigentlich zerstörte Beziehung Stabilität durch dieses schwierige Kind holen. Das suchtkranke Mitglied der Familie kittet häufig die destruktive Beziehung anderer Familienmitglieder und gibt ihnen somit einen Inhalt. Aus diesem Grunde zerbrechen auch häufig dann Elternbeziehungen, wenn die schwierigen, auffälligen, störenden, möglicherweise dissozialen oder süchtigen Kinder plötzlich aus diesem System aussteigen, spontan oder durch therapeutische Intervention. Die Sorge und die Pflege des Süchtigen, das Sich-kümmern, das Verant-wortung-übernehmen für den Kranken kann zum Lebensinhalt werden und kann somit die eigentliche Sinnlosigkeit des eigenen Lebens vertuschen helfen. Daraus ergeben sich häufig unbewußte Widerstände, wenn es darum geht, dem Kranken therapeutische Intervention zukommen zu lassen.

zu 7.

Die Infantilisierung eines Jugendlichen kann sich in vielerlei Spielarten äußern. Süchtige Menschen sind im psychologischen Sinn häufig sogenannte Nesthocker. Sie haben nicht gelernt, das Nest zu verlassen und eigenverantwortlich zu leben. Warum eigentlich? Sicherlich nicht nur deshalb, weil sie sich gerne im Nest aufhalten, sondern vor allem auch deshalb, weil Andere dieses Nest ununterbrochen zur Verfügung stellen und richten. Wenn ich verhindern will, daß jemand das Nest verläßt, muß ich dafür sorgen, daß er ewig klein, schwach, hilflos und unselbständig bleibt. Eine Erziehung, die dafür sorgt, daß ein Kind nicht lernt erwachsen zu werden, begünstigt Sucht nach dem Motto : „Wie halte ich mein Kind klein und unabhängig ...". Wenn wir in Suchtfamilien hineinsehen, werden wir oft diese grotesken Verhaltensweisen feststellen können.

zu 8.

In Suchtfamilien finden sich häufig Projektionen unerfüllter Wünsche der Eltern auf den Heranwachsenden. Dies kann dazu führen, daß sich dann der Jugendliche in eine Rolle begibt, die er nicht auszufüllen vermag. Es kann sich dabei um Jugendliche und später um Erwachsene handeln, die enorm viel leisten und interessanterweise häufig in sozialen Berufen wiederzufinden sind. Aber Projektion kann auch das genaue Gegenteil herbei-führen, indem sich eben das Kind oder der Jugendliche diesen Projektionen verweigert. Das schwarze Schaf der Familie ist dann derjenige, der besonders stark suchtgefährdet ist.

zu 9.

Bei objektiver Betrachtungsweise von außen erkennt man in Suchtfamilien häufig desolate emotionale und soziale Zustände. Versucht nun ein naiver Helfer, Hilfestellung anzubieten, dann wird er häufig erleben, daß diese Hilfe abgeblockt wird. Dies ist Ausdruck einer Harmonisierungs- und Verleugnungstendenz, die in Suchtfamilien häufig anzutreffen ist. Diese Abwehr verläuft häufig unbewußt, denn Bewußtmachung würde für die Familie bedeuten, daß sich etwas verändern müßte, was aber nicht verändert werden darf. Gegen Änderungsversuche von außen, aber auch von innen, gibt es massive Abwehrhaltungen. Harmonisierungs- und Verleugnungstendenzen dienen dazu, pathologische Systeme zu stabilisieren. Änderungsversuche von außen werden nach dem Motto geblockt: „Weil nicht sein kann, was nicht sein darf".

Zusammenfassung

Sucht entsteht nie von heute auf morgen, sondern immer im Rahmen eines langwierigen biographischen Prozesses.

Was Suchtprophylaxe angeht: Alle ausschließlich Suchtstoff-bezogenen Prophylaxe-kampagnen sind ziemlich sinnlos. Zumindest zeigen sie keinerlei Effizienz. Prophylaxe ist nur dann sinnvoll, wenn sie ursachenorientiert ist, sie kann nur ansetzen bei den Faktoren Persönlichkeit, Familie und soziale Integration. Zentraler Bestandteil präventiver Maßnahmen sollte die Förderung von allgemeiner Lebenskompetenz mit Entwicklung eines soliden Selbstwertgefühls sein. Prävention muß - will sie erfolgreich sein - zugleich frühzeitig einsetzen, langfristig angelegt sein und kontinuierlich weitergeführt werden. Prävention muß eine integrierte und langfristige Aufgabe elterlicher Erziehung sowie eine langfristig angelegte pädagogische Aufgabe in Schulen, Kindergärten und ähnlichen Einrichtungen werden. Prävention muß Gemeinschaftsaufgabe aller Bürger werden.

Aus diesem zuletzt genannten Punkt ergibt sich für die Zielgruppe, daß präventive Maßnahmen schon im Kindergartenalter beginnen sollten. Eltern und die Mitarbeiter und Mitarbeiterinnen von Vorschuleinrichtungen haben hier einen hohen Stellenwert. In Elternseminaren und der Berufsausbildung zum Erzieher und zur Erzieherin müssen Möglichkeiten und Methoden präventiver Arbeit integraler Bestandteil sein. Nach Familie und Kindergarten stellt die Schule einen weiteren wichtigen Interventionsort dar. Die Vermittlung von Lebenskompetenzen sollte integrierter Bestandteil des Unterrichts werden, zumindest bis zum frühen Jugendalter. Alle punktuellen Aktionen wie Aufklärungswochen, Vorträge von externen Referenten (wie z.B. Drogenberatungsstellen) und ähnliche eher plakative und zeitbefristete Maßnahmen sind abzuschaffen, da sie im besten Fall wirkungslos, mit hoher Wahrscheinlichkeit eher kontraproduktiv sind. Dies gilt auch für polizeiliche Vorträge über die Gefahren des Mißbrauchs einzelner Drogen, Abschreckungskonzepte sind günstigenfalls wirkungslos.

Heinz Jörgen Franz

Schule als Lebensraum - Dimensionen von Gesundheitsförderung und Suchtprävention

1. Problemdefinition

Das Thema „Schule als Lebensraum" hat - wie sollte es anders sein - viele Facetten. Um den Stellenwert dieses Beitrags im Gesamtkontext der Frage zu verorten, welche Möglichkeiten von Gesundheitsförderung durch Schule bestehen, soll schon zu Beginn auf eine Ausgrenzung hingewiesen werden: Es geht hier nicht um die expliziten Chancen von Schule, Gesundheitserziehung über den Lehrplan und entsprechende Unterrichtsfächer zu betreiben. Gesundheitserziehung in diesem Sinne hat an Schulen eine lange, wenngleich auch wenig wirkungsvolle Geschichte.

Im Mittelpunkt unserer Überlegungen werden vielmehr folgende Aspekte stehen:

- Hat Schule als Institution und haben die informellen Verhältnisse in ihr einen Einfluß auf gesundheitsrelevante Reaktionsmuster von Kindern und Jugendlichen?

- Können schädigende Umwelteinflüsse verringert und für die Gesundheit positive gefördert werden?

- Sind gesundheitsgefährdende Verhaltensweisen wie psychosomatische Belastungen und/oder Suchtmittelmißbrauch Reaktionsformen auch auf schulbedingten Streß?

- Welche Möglichkeiten für gesundheitsförderliche Verhaltensmodifikation zeichnen sich im Raum der Schule ab?

- Wo liegen die Chancen für eine Neuorientierung schulischer Gesundheitsförderung? Kann durch Förderung „salutogener" Faktoren in Unterricht und Schulleben eine Veränderung von Schule stattfinden?

Bevor auf diese Kernfragen ausführlich eingegangen wird, soll am Beginn eine kurze Klärung der zentralen Schlüsselbegriffe: Gesundheitsförderung und Prävention erfolgen.

2. Gesundheitsförderung und Prävention - begriffliche Annäherung

Die Begriffe ‚Gesundheitsförderung' und ‚Prävention' werden zwar häufig synonym verwendet; sie stehen jedoch für ganz unterschiedliche gesundheitspolitische Denkweisen und Konzeptionen.

Die Idee der Gesundheitsförderung ist noch sehr jung; sie hat in kurzer Zeit eine erstaunliche Karriere gemacht und die gesundheitspolitische Diskussion stark befruchtet. Sie postuliert ein neues Verständnis von Gesundheit und dem Umgang mit Gesundheit. Gesundheitsförderung setzt gegen die negative Definition von Gesundheit als Abwesenheit von Krankheit und Gebrechen die positive Definition von Gesundheit als Gestaltungskraft und Bewältigungsfähigkeit. Gesundheitsförderung intendiert selbstbestimmtes Gesundheitshandeln.

Das bisherige Verständnis von Gesundheit und Krankheit ist weitgehend gekennzeichnet durch einen medizinisch-biologisch definierten Zustand von körperlichen Funktionen. In zahlreichen epidemiologischen Studien werden vorrangig physiologische Faktoren bestimmt. Wenn Werte von bestimmten Normen abweichen (z.B. erhöhte Blutdruck- oder Blutfettwerte, Übergewicht usw.), werden sie mit dem Begriff „Risikofaktoren" bezeichnet.

Statistisch werden Risikofaktoren mit einer höheren Wahrscheinlichkeit für Erkrankungen verbunden. Unter Krankheitsvorbeugung bzw. Gesundheitsvorsorge wird dann verstanden die Vermeidung und/oder das Reduzieren von Risikofaktoren, etwa durch entsprechendes individuelles Verhalten wie z.B. gesunde Ernährung, ausreichende Bewegung, Verzicht auf Konsum von Rauschmitteln usw.

Zahlreiche neuere empirische Studien haben demgegenüber verdeutlicht, daß Gesundheit, Krankheit und auch Krankheitsbewältigung entscheidend konstituiert werden durch das komplexe Zusammenspiel von physischen, psychischen und sozialen Faktoren.

In neuerer Sichtweise wird Gesundheit bzw. Krankheit als prozeßhafter Zustand verstanden, der sowohl abhängt vom menschlichen Verhalten als auch von den Lebensverhältnissen, die den Menschen umgeben.

Das neue biopsychosoziale Paradigma der Gesundheitsförderung hat seine Wurzeln in der 1986 von der Weltgesundheitsorganisation (WHO) verabschiedeten „Ottawa-Charta für Gesundheitsförderung". In ihr wird von einem mehrdimensionalen Verständnis von Gesundheit ausgegangen. Der Paradigmenwechsel vom Konzept der Risikofaktoren hin zur Gesundheitsförderung bedeutet ein völliges Umdenken. Die Kernprinzipien lassen sich wie folgt zusammenfassen (vgl. FRANZKOWIAK/SABO 1993):

1. Gesundheitsförderung zielt darauf ab, „allen Menschen ein höheres Maß an Selbstbestimmung über ihre Gesundheit zu ermöglichen und sie damit zur Stärkung ihrer Gesundheit zu befähigen" (Ottawa-Charta zur Gesundheitsförderung 1986). Dieser erste Satz der Ottawa-Charta weist darauf hin, daß Gesundheitsförderung ein explizit demokratisch-emanzipatorisches Konzept ist. Bei allen Menschen sollen

Prozesse angestoßen und unterstützt werden, die ihnen ein höheres Maß an Selbstbestimmung über ihre Gesundheit ermöglichen (enabling).

2. In der Ottawa-Charta wird zudem verdeutlicht, daß Gesundheitsförderung als öffentliche Aufgabe betrachtet wird und nicht allein unter die Verantwortung des Individuums fällt. Es kommt der Gesundheitspolitik zu, die Voraussetzungen dafür zu schaffen, daß alle Menschen gesund leben können.

Gesundheitsförderung kann in der Praxis des täglichen Lebens verwirklicht werden durch soziale und sozialpolitische Maßnahmen. Förderung von Gesundheit verlangt eine entsprechende Gestaltung der sozialen und ökologischen Umwelt von Menschen und bezieht sich auf Lebens-, Lern- und Arbeitsbedingungen. Sie wird als vernetzte Herausforderung verstanden und als Aufgabe, die zwischen allen Feldern öffentlicher und privater Politik, Wirtschaft usw. angesiedelt ist. Eine solche Zielsetzung erfordert gemeinsames Handeln. Gesundheitsförderung zielt folglich auf Solidarisierung und stellt die Elemente heraus, die Menschen miteinander verbindet (network forming).

Dagegen richtet die klassische Gesundheitserziehung ihr Augenmerk auf das einzelne Individuum und schreibt ihm die Verantwortung für gesundheitliches Fehlverhalten zu („blaming the victim").

3. Gesundheitsförderung richtet sich an den Menschen als eine Person, die in viele Bezüge involviert ist, die Bedürfnisse befriedigen will, Wünsche und Hoffnungen hat. Der Mensch wird nicht reduziert auf einen biomedizinischen Organismus. Die hier vollzogene Kehrtwendung wird daran sichtbar, daß noch die klassische Gesundheitserziehung ihre Ziele vom biomedizinischen Organismuskonzept abgeleitet hat (vgl. HAUG 1990).

4. Gesundheitsförderung setzt gegen die negative Definition von Gesundheit als Abwesenheit von Krankheit und Gebrechen die positive Definition von Gesundheit als Gestaltungskraft und Bewältigungsfähigkeit.

Gesundheitsförderung hat selbstbestimmtes Gesundheitshandeln eines Menschen zum Ziel. Im Mittelpunkt steht die aktive Gestaltung sowohl der individuellen und verhaltensbedingten als auch der sozialökologischen und verhältnisbedingten Voraussetzungen für Gesundheit.

Gesundheitsförderung zielt auf Gesundheitsressourcen und strebt deren Erweiterung und Erhaltung an. Kernziel ist die Stärkung bzw. Wiederbelebung persönlicher Lebenskompetenzen und sozialer Ressourcen.

Gesundheitsförderung ist ein salutogenetisch ausgerichtetes Konzept, d.h. sie richtet den Blick auf eine umfassende Förderung und Beeinflussung von Schutzfaktoren. „Ihr geht es darum, biologische, seelische und soziale Widerstandskräfte und Schutzfaktoren zu mobilisieren und Lebensbedingungen herzustellen, die positives

Denken, positive Gefühle und ein optimales Maß an körperlicher Be- und Entlastung erlauben" (vgl. BADURA 1992, S. 44).

5. Gesundheitsförderung ist ein Setting-bezogenes Konzept. Sie stellt in den Mittelpunkt der Betrachtung die alltäglichen Lebenszusammenhänge von Menschen, ihre Umwelt und ihre Lebensbedingungen.

In der neueren Literatur (vgl. PELIKAN ET AL. 1993) werden solche Settings beschrieben, in denen versucht wird, Gesundheitsförderung, z.T. allerdings erst bruchstückhaft, zu realisieren. Beispielhaft sollen an dieser Stelle genannt werden die Kommune („healthy cities"), der Betrieb („Gesundheitszirkel"), das Krankenhaus und die Schule.

Mit dieser Zielsetzung vollzieht sich eine Abkehr von einer Strategie, die das Verhalten des einzelnen Individuums im Blick hat. Aufklärung über individuelles Fehlverhalten und Appelle an das Gesundheitsbewußtsein konnten bisher nicht den erwünschten Erfolg bewirken. Im Gegensatz dazu möchte Gesundheitsförderung eine Veränderung von Lebensweisen und Lebensverhältnissen erreichen und strebt eine grundlegende Umorientierung der Gesundheitsdienste an.

Gesundheitsförderung, so wie sie von der Weltgesundheitsorganisation (WHO) propagiert wird, ist ein emanzipatorisches Konzept, das die größtmögliche Beteiligung der Bevölkerung anstrebt. Selbstbestimmtes Gesundheitshandeln und Stärkung der Gesundheit sind die Zielsetzungen, nicht mehr nur die Vermeidung von Krankheit. Gesundheitsförderung fordert die Einflußnahme der Betroffenen auf politische, ökonomische, soziale und psychische Bedingungen ihrer Lebenswelt. Sie wendet sich gegen ein paternalistisches Gesundheitsverständnis, bei dem Entscheidungen über die Köpfe der Betroffenen hinweg als selbstverständlich angesehen werden, und nimmt Abschied von einer normierend-disziplinierenden Sichtweise.

Prävention dagegen fragt nach möglichen Risikofaktoren bei der Entstehung von Krankheit und setzt auf deren Minimierung durch individuelles Vermeidungsverhalten. Gesundheit ist dann herstellbar, wenn Menschen lernen, riskante Verhaltensweisen zu vermeiden. Da häufig Lebensverhältnisse, die solches Verhalten bedingen, ausgeklammert werden, neigt Prävention dazu, soziale Ursachen gesundheitlicher Probleme zu psychologisieren und zu medikalisieren.

Die Wurzeln des Präventionsgedankens sind zurückzuführen auf die sozialhygienische Diskussion des 19. Jahrhunderts, als es vor allem darauf ankam, Übertragungswege verbreiteter Infektionskrankheiten zu erkennen und zu unterbrechen. Prävention geht in ihrer Betrachtungsweise von einem eindeutig definierten medizinischen Endpunkt (Krankheit) aus und sucht nach möglichen Risikofaktoren und Entstehungsgründen dieser Krankheit. Der Begriff Prävention wird dann auch häufig in medizinischen Einrichtungen benutzt.

CONRAD/SCHMIDT (1990, S. 54) formulieren wie folgt: „Den Begriff Krankheitsverhütung oder Prävention verwendet man für Strategien, mit denen entweder spezifische Risikofaktoren für bestimmte Krankheiten vermindert oder mitverursachende Rahmenfaktoren, welche die Auffälligkeit gegenüber Krankheiten verringern, gefördert werden sollen.... Krankheitsverhütung ist im wesentlichen eine Aktivität auf medizinischem Gebiet, die sich mit dem Einzelnen oder bestimmten Risikogruppen befaßt. Ihr Ziel ist die Erhaltung der Gesundheit.

Gesundheitsförderung hingegen geht von der gesamten Bevölkerung in ihrem Alltagsleben und nicht von ausgewählten Einzelpersonen oder Gruppen aus. Ihr Ziel ist die Verbesserung der Gesundheit. In diesem Zusammenhang lassen sich Gesundheitsförderung und Krankheitsverhütung als zwei getrennte, sich aber ergänzende Aktivitäten betrachten, die sich in verschiedenen Situationen und Umständen überschneiden."

2.1. Verminderung von Risiken, Stärkung von Ressourcen

Mit der Konzeptualisierung Gesundheitsförderung hat sich ein entscheidender wissenschaftlicher Perspektivenwechsel vollzogen. Er kann gekennzeichnet werden als Wandel von der „patho-genetischen" Perspektive hin zur „saluto-genetischen" Perspektive. Die klassische, auf bio-medizinischer Grundlage beruhende Prävention hat vornehmlich Krankheiten und deren Vorläufer im Visier, die durch menschliches Fehlverhalten entstehen. Ihre Sichtweise im Bezug auf Gesundheit und der Erhaltung von Gesundheit kann somit als „patho-genetisch" bezeichnet werden.

Im Gegensatz dazu zielt das Konzept Gesundheitsförderung auf eine Erweiterung von Gesundheitsressourcen und/oder auf deren Erhaltung. Durch die Orientierung auf Gesundheit kann man dieses Konzept als „saluto-genetisch" klassifizieren.

Dabei wird freilich nicht außer acht gelassen, daß zugleich auch individuelle gesundheitsriskante Verhaltensmuster (Risikoverhalten bzw. Risikofaktoren) minimiert werden müssen. Solche Veränderungen werden aber nicht isoliert, d.h. losgelöst von den konkreten Lebensbezügen der Adressaten angestrebt, vielmehr sollen sie durch eine Stärkung von alltäglichen Kompetenzen und Ressourcen erfolgen.

In den frühen 80er Jahren, als das Konzept der Gesundheitsförderung entwickelt wurde, standen sich beide Strategien, die präventiv-medizinische der Verminderung von Risikofaktoren, die von diesem Konzept abgeleiteten gesundheitserzieherischen Inhalte sowie die Strategie der Gesundheitsförderung gegenüber.

WALLER (1994) weist darauf hin, daß es derzeit darauf ankomme, beide Strategien nicht gegeneinander abzugrenzen, sondern vielmehr zu integrieren. Gesundheitsförderung beinhaltet ein Zusammenwirken der Ziele „Verminderung gesundheitlicher Risiken" und „Vermehrung gesundheitlicher Ressourcen".

Eine Diskussion um die Neuorientierung schulischer Bemühungen im Bereich von Sucht- und Drogenprävention sollte gerade auf der Grundlage der Standortbestimmung von Gesundheitsförderung erfolgen. Eine Verpflichtung dem Konzept der Gesundheitsförderung gegenüber bedeutet für schulische Suchtprävention konkret:

1. Sie ist in der positiven Unterstützung von Kindern und jungen Menschen sowie in der Förderung von Entwicklungs- und Lebenschancen anzusiedeln. Es muß u.a. auch darum gehen, Strategien zur Lebensbewältigung anzubieten.

2. Im Vordergrund sollte nicht die reine Wissensvermittlung stehen, d.h. Informationen über Suchtmittel und über Ursachen, warum Menschen zu diesen Mitteln greifen, sind nachrangig. Die Bereitschaft junger Menschen, sich selbst mit den negativen Folgen z.B. des Drogenkonsums zu konfrontieren, ist sehr gering.

3. Suchtprävention sollte ursachenorientiert in dem Sinne sein, daß Ursachen süchtigen Verhaltens nicht entstehen oder Faktoren, die Abhängigkeit begünstigen, erkannt und beseitigt werden. Wenn das nicht möglich ist, sollten Menschen in der Lage sein, auch andere Bewältigungsformen als den Gebrauch von Suchtmitteln zu wählen.

4. Suchtprävention kann nicht nur spezielle Aufgabe einzelner Unterrichtsfächer oder einzelner Lehrer sein. Lehrer tragen aufgrund ihrer pädagogischen und erzieherischen Aufgabe in der Schule per se dazu bei. Gute erzieherische Arbeit, d.h. gute Pädagogik, ist zugleich auch gute Suchtprophylaxe.

Eine Verpflichtung diesem Konzept gegenüber, d.h. die konkrete Umsetzung in die Praxis des täglichen Lebens, stellt eine erhebliche Herausforderung an die Sozialisationsinstanz ,Schule' dar.

3. Psychosoziale Belastungen und gesundheitsrelevante Reaktionsmuster bei Kindern und Jugendlichen

Die veränderten Lebensbedingungen in unserer Gesellschaft haben zu tiefgreifenden Konsequenzen für das Dasein von Kindern, jungen Menschen und Erwachsenen geführt.

In zahlreichen Arbeiten wird die These vertreten, daß die psychischen und sozialen Belastungen von jungen Menschen sehr stark sind und für eine breite Minderheit von Kindern und Jugendlichen bedrohliche Ausmaße angenommen hat (vgl. HURRELMANN 1989).

Die in epidemiologischen Studien eruierten gesundheitsgefährdenden Verhaltensweisen und Auffälligkeiten von Kindern und Jugendlichen werden auch als Reaktion auf Überbeanspruchung interpretiert. Es wird darauf hingewiesen, daß die Lebenswelten von Kindern und Jugendlichen durch erhebliche Belastungs- und Überforderungssituationen gekennzeichnet sind. HURRELMANN (1990) interpretiert ihre gesundheitlichen Beeinträchtigungen als „Folgekosten der modernen Lebensweise". Mit diesem Verweis auf moderne Lebensweise wird angedeutet, daß in der gegenwärtigen soziokulturellen Umbruchsphase unsere gesellschaftlichen Lebensformen ihre strukturelle Gefügtheit verlieren. Es zeigt sich ein Schwund an Traditionen, der dazu führt, daß für Individuen ihr Lebensentwurf, ihre Biographie und ihre Identität unberechenbar geworden ist (vgl. BECK 1986). Gerade von jungen Menschen werden neue Lebenskompetenzen gefordert, die eine produktive Lebensbewältigung ermöglichen.

Sicher belasten aktuelle Umbruchphänomene nicht nur Kinder und Jugendliche, sondern auch Erwachsene. Nur werden sie unvorbereiteter und unvermittelter betroffen. Nach KOLIP ET AL. (1995, S. 16) kann man in ihnen eine Art „gesundheitliche Seismographen" der Gesellschaft sehen. Die Gesellschaft, in die Kinder und Jugendliche hineinwachsen und auf die hin sie sozialisiert werden, verliert an Eindeutigkeit und Klarheit in den Strukturen.

Wenn von „Kosten der modernen Lebensweise" die Rede ist, so sollen diese an zwei zentralen Dimensionen aufgezeigt werden.

Die eine Dimension verweist auf Risiken einer Zivilisation, für die Fortschritt auch mit der rücksichtslosen Ausbeutung der natürlichen Lebensgrundlagen verbunden ist und die zunehmend in die unerwünschten Nebenfolgen dieses Prozesses zurückfallen. Hier sind vor allem die gesundheitlichen Folgekosten der ökologischen Zerstörung zu nennen.

HURRELMANN (1990, S. 155) charakterisiert die durch sie verursachten Gesundheitsgefährdungen wie folgt: „Kinder und Jugendliche sind von dieser Entwicklung besonders stark betroffen. Sie nehmen nicht nur physiologisch Schaden, sondern sie leiden auch psychisch, seelisch und sozial stärker als andere Altersgruppen der Bevölkerung unter der ökologischen Krise."

Eine zweite zentrale Dimension stellt Risiken heraus, die mit dem Stichwort „Enttraditionalisierung der Lebensformen" bezeichnet werden können (vgl. BECK 1986). Angedeutet wird hier, daß das Subjekt der Postmoderne großen Verunsicherungen unterliegt und neue Kompetenzanforderungen bewältigen muß. Es wird in diesem Zusammenhang von „psychosozialen Kosten" der Modernisierung gesprochen, die Subjekte zunehmend an ihre Grenzen bringt.

Epidemiologische Untersuchungen machen deutlich, daß psychische, psychosomatische, psychosoziale und somatische Störungen und Auffälligkeiten bei Kindern und jungen Menschen erheblich verbreitet sind. Es zeigt sich zudem, daß bei etlichen dieser Störungen eine Vorverlagerung im Alter und eine Zunahme in der Häufigkeit beobachtet werden kann (vgl. KOLIP ET AL. 1995, HOLLER-NOWITZKI 1994).

In der entsprechenden Literatur wird auf folgende Befunde hingewiesen:

1. Chronisch körperliche Erkrankungen (z.B. Leukämie, Hämophilie, Juveniler Diabetes, Nierenerkrankungen, Asthma, Rheuma)
Von chronisch-körperlichen Erkrankungen sind heute etwa 10% aller Kinder und Jugendlichen betroffen (vgl. PETERMANN 1994). Klassische Infektionskrankheiten (z.B. Masern, Mumps, Röteln, Scharlach, Kinderlähmung) haben dagegen in ihrer Bedeutung abgenommen.

2. Psychosomatische Krankheiten
Psychosomatische Beschwerden (z.B. Allergien, Kopfschmerzen, Magenbeschwerden, Nervosität) sind weit verbreitet. Etwa ein Drittel der Kinder und Jugendlichen leiden unter den verschiedenen Allergien. Seit den 50er Jahren zeigt sich nahezu eine Verdoppelung dieser Krankheiten. Über ein Drittel aller jungen Menschen geben an, an allgemeinen psychosomatischen Beschwerden wie Kopfschmerzen, Magenbeschwerden, Nervosität, Konzentrationsschwierigkeiten zu leiden. Mädchen nennen dabei solche Beschwerden sehr viel häufiger.

3. Psychiatrische Auffälligkeiten und psychosoziale Störungen
Psychische und psychosoziale Störungen (z.B. Verhaltensauffälligkeiten, Störungen des Sozialverhaltens, Hyperaktivität) haben in den letzten Jahren zugenommen. In der Literatur finden sich Angaben, daß 10 bis 15% der jungen Menschen davon betroffen sind (vgl. LEHMKUHL 1995, SEIFFGE-KRENKE 1995). Was aggressive Verhaltensweisen und Gewaltbereitschaft anlangt, so ist derzeit noch nicht geklärt, ob physische, psychische und/oder verbale Aggression bei jungen Menschen in den letzten Jahren zugenommen hat. Es wird die Auffassung vertreten, daß keine reale Zunahme solcher Episoden vorliegt, sondern daß eher die Intensität aggressiver Handlungen angestiegen ist (vgl. HURRELMANN 1992).

4. Drogenabhängigkeit und Suchtkrankheiten
In allen Altersgruppen kam es zu einer Verbreitung von Suchtkrankheiten bei jungen Menschen. Der Konsum von Alkohol, Nikotin, illegalen Drogen und Arzneimitteln hat eine wachsende Zahl von Abhängigen hervorgerufen. Alkohol- und Nikotinkonsum stellen im Jugendalter übliche Verhaltensweisen dar. Der Konsum von Suchtmitteln hat neben entwicklungsbezogenen Funktionen - z.B. Antizipation des Erwachsenenalters, Integration in die peer-group - auch die der Problembewältigung.

Im Jugendgesundheitssurvey 1993 geben über ein Drittel der 11- bis 15jährigen Jugendlichen an, gelegentlich Alkohol zu trinken. Was den Nikotinkonsum anlangt, so liegt der Anteil derjenigen, die hin und wieder rauchen, bei etwa 10%. Dabei hat sich die Aufnahme des Konsums in den letzten Jahren vorverlagert; sie beginnt bei 1 - 2% eines Altersjahrganges bereits mit 10 Jahren. Der Anteil der weiblichen Konsumenten ist in den letzten Jahren kontinuierlich angestiegen (vgl. HURRELMANN 1994). Wesentlich geringer ist der Prozentsatz der jungen Menschen, die regelmäßig Suchtmittel konsumieren. Er liegt bei den Alkoholkonsumenten bei etwa einem Prozent, während ca. sechs Prozent regelmäßig rauchen. Diese Gruppe zeichnet sich jedoch durch erheblichen Konsum aus (vgl. KOLIP ET AL. 1995).

Beim Gebrauch von illegalen Drogen liegt die Quote der regelmäßig oder gelegentlich konsumierenden jungen Menschen bei ca. einem Prozent eines Altersjahrganges.

Im Jugendgesundheitssurvey 1993 zeigt sich auch, daß der Anteil derjenigen, die angeben, noch nie geraucht (ca. 45%) oder Alkohol getrunken zu haben (ca. 18%), recht hoch ist (vgl. KOLIP ET AL. 1995). Die Prävalenzraten nehmen allerdings mit zunehmendem Alter zu, wobei im Längsschnitt jedoch insgesamt ein Rückgang der Prävalenzraten für den Drogenkonsum feststellbar ist (vgl. NORDLOHNE 1992).

4. Schule als problemerzeugende und problemlösende Instanz

Gesundheitsgefährdende Verhaltensweisen wie Rauchen und Trinken, der Gebrauch illegaler Suchtstoffe sowie psychosomatische Symptome werden als Reaktionsformen auch auf schulbedingten Streß interpretiert. Es wird unterstellt und neuerdings empirisch nachgewiesen, daß aufgrund der zunehmenden Bedeutung von Schule für die berufliche Existenzsicherung und aufgrund der zunehmend prekären Möglichkeiten, diese zu realisieren, auch psychosomatische Belastungen, Streßphänomene und gesundheitliche Störungen bei jungen Menschen zunehmen.

4.1. Strukturelle Erklärungsversuche

Wenn die Bedeutung von Schule für eine gesunde seelische Entwicklung von Heranwachsenden und für gesundheitsrelevantes Verhalten im engeren Sinne diskutiert wird, so sind heute zwei extreme Pole festzumachen. Auf der einen Seite wird Schule als problemerzeugende Instanz gesehen, die selbst eine Fülle von belastenden Faktoren erzeugt, die zu gesundheitsgefährdenden Entwicklungen führen.

Auf der anderen Seite drückt sich die Hoffnung aus, daß über Schule gesundheitsrelevantes Handeln gelernt und eingeübt werden kann.

Beide Frageansätze sind sinnvoll, da leicht gezeigt werden kann, daß Schule sowohl eine Fülle gesundheitsgefährdender Belastungen erzeugt als auch bedeutende Möglichkeiten innerhalb von Schule bestehen, Gesundheitsförderung und Gesundheitsprophylaxe zu betreiben.

Zur Erhellung der ersten Perspektive kann u.a. ein historischer Rückblick, der die Rolle des Bildungswesens im Leben von Heranwachsenden verdeutlicht, dienen. Die zweite Perspektive gründet in dem Sachverhalt, daß Schule als einzige und letzte Instanz alle Kinder eines Altersjahrganges erreicht und gezielt beeinflussen kann.

Die Frage „Schule und Gesundheit" ist keine neue Frage, sie ist vielmehr wiederkehrend. Bereits um die Jahrhundertwende wurde intensiv darüber diskutiert, ob die Schuljugend seelisch überfordert und überlastet sei. Die Bemühungen um die Gesundheit der Jugend konzentrierten sich aber hauptsächlich auf hygienische Fragen. In nahezu allen Handbüchern der Pädagogik aus der damaligen Zeit findet sich ein Kapitel über Schulhygiene. Bei der Diskussion über gesundheitsschädigende Wirkungen schulischen Lernens standen Fragen einer falschen Körperhaltung, der ungenügenden Bewegung durch das lange Stillsitzen oder der Verschlechterung des Sehvermögens im Mittelpunkt.

Im Rahmen der Rekrutenerhebungen wurden darüber Statistiken geführt, deren Ergebnisse sogar Kaiser Wilhelm II. dazu veranlaßten, seine Sorgen diesen Punkt betreffend der Lehrerschaft persönlich mitzuteilen. Der Antrieb hierzu war freilich die Angst, die Wehrtüchtigkeit des preußischen Heeres könnte beeinträchtigt sein.

Die heutige Diskussion hat eine deutlich andere Perspektive angenommen.

Im Vordergrund stehen Fragen nach der Zunahme von medizinischen, psychiatrischen und sozialen Störungen bei jungen Menschen. Untersuchungen über Verhaltensauffälligkeiten und zu psychosomatischen Problemen, die auf Überforderungssyndrome zurückgeführt werden, nehmen heute einen hohen Stellenwert ein. Ebenso Studien, die Rauchen, Trinken und den Gebrauch illegaler Drogen als Symptome von psychosozialen Belastungen interpretieren (vgl. ENGEL/HURRELMANN 1989).

Die genannte Diskussion wird faktisch auch mit der Rolle, die Schule im Leben von Heranwachsenden spielt, in Zusammenhang gebracht. Es wird gezeigt, daß die Bedeutung schulischer Bildung deutlich gewachsen ist und Schule heute tiefer als früher in die Persönlichkeitsstruktur von heranwachsenden Menschen eingreift. Schulischer Erfolg und Mißerfolg sind - so lautet die These - relevanter für die psychische Gesundheit geworden. Dieser Sachverhalt läßt sich durch zwei historische Entwicklungen untermauern:

- Zum einen kann man den Prozeß der Generalisierung der Schulpflicht anführen, d.h. die Etablierung jenes Sachverhaltes, daß alle Schüler eines Altersjahrganges heute mindestens neun Jahre permanenten und differenzierten Bewertungsprozessen ausgesetzt werden. Schulische Bildung war jedoch für große Teile der Bevölkerung über lange Zeit nicht existenzrelevant, da sich aus ihr nicht unmittelbar weitere berufliche Möglichkeiten ableiten ließen. Es läßt sich in der Geschichte des Bildungswesens - insbesondere im Verlauf des 19. Jahrhunderts - aber ein Prozeß der Koppelung zwischen Ausbildungswegen und der Berechtigung zu bestimmten Berufen beobachten. Für immer größere Schülergruppen strukturierten unterschiedliche Schullaufbahnen und Schulabschlüsse Berufslaufbahnen, die mehr oder weniger angesehen waren, vor. So ist z.B. der Prozeß der Systembildung, d.h. die Entstehung des Bildungssystems, im Schulwesen Preußens in der zweiten Hälfte des 19. Jahrhunderts deutlich herausgearbeitet worden (vgl. MÜLLER, D.K. 1981). An diesem Beispiel kann die Koppelung zwischen Schullaufbahnen und beruflichen Laufbahnsystemen recht gut veranschaulicht werden.

- Zum anderen muß als weiterer wichtiger historischer Entwicklungsstrang die Expansion höherer Bildungsabschlüsse genannt werden. Die Chancen der heutigen jungen Generation, einen hochwertigen Bildungsabschluß zu erlangen, sind enorm gestiegen. Dies kann an Hand weniger Zahlen gezeigt werden. Studien weisen nach, daß der Anteil der Abiturienten an der männlichen Bevölkerung in Preußen in den Jahren 1880 bis 1910 nicht sehr gravierend von etwa 1,4 % auf 1,7 % angestiegen ist (vgl. MÜLLER, D.K. 1977). In den Jahren von 1926 bis 1937 stieg im selben Land der Prozentanteil der männlichen Abiturienten - der der weiblichen war äußerst gering - beim Altersjahrgang der 19jährigen von 2,74 % auf 7,93 % an (vgl. ZYMEK 1983).

In der Zeit nach dem Zweiten Weltkrieg setzte sich der Prozeß der Expansion höherer Bildungsabschlüsse fort. Heute erwerben in der Bundesrepublik etwa 35 % eines Altersjahrganges eine Zugangsberechtigung zur Universität oder Fachhochschule. Weitere 35 % erlangen einen qualifizieren Abschluß nach 10 Jahren Schulbesuch in der Sekundarstufe I (früher „mittlere Reife" genannt).

Die verbesserten Möglichkeiten, einen höheren Bildungsabschluß zu erwerben, führten freilich zu einer Steigerung der Konkurrenz innerhalb des Gesamtsystems. Zudem ist die Verwertung von hochwertigen Bildungsabschlüssen sehr problembehaftet, sie muß in Konkurrenz zu vielfältigen Ansprüchen anderer erkämpft werden.

Die psychische Relevanz entsprechender Bildungslaufbahnen dürfte - so lautet unsere Schlußfolgerung - zugenommen haben. Neuere Studien über Bildungserwartungen von Eltern für ihre Kinder können diesen Sachverhalt untermauern. Die Familienforschung hat sichtbar gemacht, daß sich bei Eltern der Wunsch nach höheren Bildungsabschlüssen in hohem Maße generalisiert hat (vgl. SASS/HOLZMÜLLER 1982). Dieser Sachverhalt trifft auch für sozial-strukturell benachteiligte Eltern zu (vgl. FAUSER 1983). Zudem zeigen Analysen über Bildungsvorstellungen von Eltern in der Nachkriegszeit, daß diese Tugenden wie die bescheidene Einordnung und Ausführungswilligkeit bei Anordnungen immer weniger Bedeutung zumessen (vgl. MEULEMANN 1982).

Mit den vorigen Ausführungen wurde in kurzen Zügen der historische Kontext gezeichnet, in dem die Diskussion über psychosoziale Überlastung der Schüler und über psychische und gesundheitliche Folgen gesehen werden muß. Auch gesundheitsgefährdende Verhaltensweisen wie frühes Rauchen und Trinken oder der Gebrauch illegaler Substanzen finden in diesem Zusammenhang eine Erklärung. In empirischen Untersuchungen wird nachgewiesen, daß solches Problemverhalten als Bewältigung prekärer Lebenslagen und als Kompensation für mangelnde Befriedigungsmöglichkeiten grundlegender Bedürfnisse in der Schule gesehen werden muß.

4.2. Schulleistungen, schulisches Wohlbefinden und Suchtmittelkonsum

Die Institution ‚Schule' prägt die soziale Realität von jungen Menschen im Schulalter ganz entscheidend. Schule hat einerseits die Aufgabe, zur Leistungsfähigkeit im Hinblick auf Anforderungen in anderen Sektoren der Gesellschaft (Wirtschaft, Verwaltung, Politik usw.) zu erziehen, andererseits soll sie auch Handlungsfähigkeit vermitteln, d.h. jene Fähigkeit, die Menschen zu autonomen, selbständigen Persönlichkeiten werden läßt.

Die Erfüllung beider Aufgaben führt nach Auffassung verschiedener Autoren zu einem Zielkonflikt, der insoweit eine ‚Lösung' findet, als dem Prinzip Leistung die dominante Rolle zukommt und das zweite Ziel vernachlässigt wird (vgl. MÜLLER, R. 1985). Schüler werden primär an den von ihnen erbrachten Leistungen gemessen. Zudem bestimmt sich das soziale Ansehen eines Schülers in der Institution Schule in der Regel nach erworbenen Zensuren für diese Leistungen.

Zahlreiche Forschungsarbeiten zur Drogenproblematik stellen bei der Frage nach den Ursachen des Konsums die Bewältigungsfunktion gegenüber Streßsituationen heraus.

Empirische Studien zum Ausmaß des Konsums von Alkohol und Tabak in Abhängigkeit von der Beschaffenheit der schulischen Umwelt erbrachten einen deutlichen Zusammenhang zwischen schulischem Wohlbefinden und dem Mißbrauch dieser Substanzen. Die Ausgangshypothesen einer entsprechenden Untersuchung lauten (vgl. MÜLLER, R. 1985):

- je mehr der Lehrer ein vertauensvoll-unterstützendes schulisches Milieu zu schaffen vermag, desto kleiner ist die Wahrscheinlichkeit, daß Schüler rauchen und trinken und

- je größer die Schulangst, desto größer die Wahrscheinlichkeit, daß Schüler Alkohol und Tabak konsumieren.

Eine enge Verknüpfung mit Schulverdrossenheit und z.B. der Häufigkeit des Sich-Betrinkens zeigt sich bei älteren Schülern, und hier besonders bei Jungen. Rauchen und

Trinken kovariieren deutlich mit dem von Schülern wahrgenommenen Ausmaß an vertrauender Unterstützung durch den Lehrer.

Subjektives Wohlbefinden in der Schule wird entscheidend beeinflußt durch das Verhältnis zu Lehrern, Mitschülern und durch die eigenen Leistungen.

Neuere Untersuchungsergebnisse zum jugendspezifischen Konsum von Alkohol und Nikotin zeigen, daß in der Gruppe der Schüler mit schwachen Schulleistungen der Anteil von Drogenkonsumenten signifikant höher ist als in den übrigen Gruppen. Ebenso wird darauf hingewiesen, daß es Bedeutung hat, wie zufrieden ein Schüler mit der eigenen Schulleistung ist: Je größer die Unzufriedenheit der Schüler mit ihren Leistungen ist, desto höher ist der Anteil der Drogenkonsumenten. Verstärkter Suchtmittelgebrauch kann, so lautet eine Schlußfolgerung aus dem Forschungsbericht „Jugendspezifische Belastungen und Drogenkonsum", als eine Reaktion auf die Unzufriedenheit der Schüler im Leistungsbereich verstanden werden.

Versagen in der Leistungskarriere oder den von Eltern gestellten bzw. von sich selbst erwarteten Leistungsansprüchen nicht zu genügen, dürfte deshalb für die meisten Jugendlichen eine schmerzhafte Erfahrung sein, weil damit zugleich die weitere schulische und berufliche Perspektive mit Nachdruck verunsichert wird.

Ein weiteres Ergebnis dieser Untersuchung ist aufschlußreich. Es zeigt sich, daß ein starker Zusammenhang besteht zwischen der Häufigkeit von Tabakkonsum und dem Prestigeniveau eines Ausbildungsganges. Beispielsweise ist die Konsumhäufigkeit von Schülerinnen und Schülern an Hauptschulen, dem Schultyp mit dem in unserem Schulwesen niedrigsten Sozialprestige, deutlich höher als bei Schülern an allen anderen Schulformen. Drogenkonsum hängt auch mit der schulischen Leistungsbiographie zusammen. Schüler, die eine Schulklasse ein- oder zweimal wiederholen, und/oder die Schule wegen schlechter Leistungen gewechselt haben, zählen mit größter Wahrscheinlichkeit zu den stärkeren Drogenkonsumenten. „Sowohl der Alkohol- als auch der Tabakkonsum sind höher, wenn eine ‚bildungsbezogene Abwärtsmobilität' zu verzeichnen ist" (vgl. HURRELMANN 1989, S. 20). Alle Ergebnisse der bereits zitierten Studie verweisen darauf, daß Drogenkonsum im Schulalter ein Indikator für subjektiv erlebte soziale Statusprobleme darstellt.

5. Zur Neuorientierung schulischer Gesundheitsförderung und Suchtprävention

Neu in das öffentliche Bewußtsein ist in jüngster Zeit die Tatsache gerückt, daß Vorbeugung gegenüber Sucht- und Drogenabhängigkeit künftig einen größeren Stellenwert als bisher einnehmen muß. Vorbeugung gilt als das beste Mittel, um Abhängigkeit und Sucht zu verhindern. Bisherige Konzepte aber gelten entweder als zu abstrakt oder sind – falls konkreter – nicht umfassend genug. Zudem macht sich angesichts des anhaltenden Rauschgiftkonsums das Gefühl breit, die seit vielen Jahren betriebene Drogenaufklärung habe versagt.

Ergebnisse von Forschungsprojekten belegen, daß Drogenkonsum der Befriedigung vielfältiger alters- und entwicklungsbezogener Bedürfnisse dient und ein Mittel zur Bewältigung lebenslagen-spezifischer Belastungen darstellt.

Suchtprävention, die darauf abzielt, einzelne Risikofaktoren zu mindern, muß folglich breit angelegt sein. Es ist angezeigt, sie in eine umfassende Strategie einzubetten, bei der die Förderung von Schutzfaktoren im Mittelpunkt steht. Im Wechselspiel von Faktoren, die Sucht begünstigen, und protektiven Faktoren kommt dabei den individuellen Fähigkeiten und Kompetenzen eines Heranwachsenden, sich mit Lebensanforderungen auseinanderzusetzen, eine entscheidende Rolle zu.

In der erwähnten Ottawa-Charta werden Handlungsbereiche der Gesundheitsförderung formuliert, die unmittelbar auch für eine Neuorientierung von Suchtprävention allgemein und schulischer Suchtprävention im besonderen konstitutiv sind:

1. Entwicklung persönlicher Kompetenzen

2. Unterstützung gesundheitsbezogener Gemeinschaftsaktionen

3. Schaffung gesundheitsförderlicher Lebenswelten

4. Neuorientierung der Gesundheitsdienste

5. Entwicklung einer gesundheitsfördernden Gesamtpolitik.

Ein Schwerpunkt liegt bei der Entwicklung persönlicher Kompetenzen. In der Ottawa-Charta heißt es dazu: „Gesundheitsförderung unterstützt die Entwicklung von Persönlichkeit und sozialen Fähigkeiten durch Information, gesundheitsbezogene Bildung sowie die Verbesserung sozialer Kompetenzen und lebenspraktischer Fertigkeiten."

Im Kontext der Schule lassen sich diese unterschiedlichen Schwerpunkte und Facetten zu Zieldimensionen zusammenfassen, die entweder die Person im Blickfeld haben oder den sozialen Nahraum oder die umgebende Gemeinde: curriculare Dimension, sozialökologische Dimension und kommunale Dimension. In folgender Abbildung werden den einzelnen Zieldimensionen entsprechend denkbare prophylaktische Maßnahmen zugeordnet:

Abbildung 1: Zieldimensionen und Maßnahmen schulischer Gesundheitsförderung und Suchtprävention

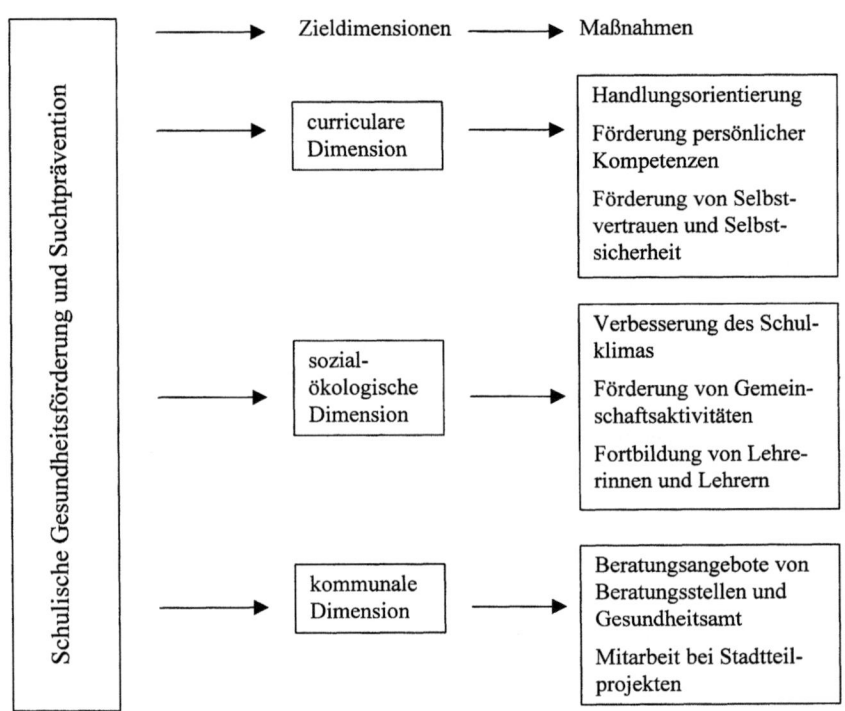

5.1. Curriculare Dimension

a) Handlungsorientierung statt vorwiegend Informationsvermittlung

Präventionsbemühungen, die sich einseitig auf gesundheitliche Aspekte konzentriert haben und die die reine Informationsvermittlung in den Mittelpunkt stellen, sind gescheitert. Vertieftes Wissen und ggf. dadurch veränderte Einstellungen führen nicht unmittelbar zu entsprechendem Handeln.

Werden nur Fakten über gesundheitliche Auswirkungen von legalen oder illegalen Drogen präsentiert, bleiben die vielfältigen Funktionen, die dem Konsum zugrunde liegen, ausgeblendet: Demonstration von Erwachsenenverhalten, Protest gegen gesellschaftliche Wertvorstellungen, Bewältigung von Streß oder Ängsten, Anerkennung in Gleichaltrigengruppen usw.

Zudem ist der Weg vom Wissen zum Handeln weit. Das Erziehungsziel ‚Handlungsfähigkeit' kann mit der Vermittlung von ausschließlich kognitiven Inhalten nicht erreicht werden. Die Fähigkeit, Entscheidungen in die Tat umzusetzen und auch unter schwierigen Umständen durchzustehen, erfordert persönliche Kompetenzen und Selbstsicherheit. Solche Eigenschaften sind erreichbar z.B. durch aktives Erproben und Einüben von Handlungen in Rollenspielen, durch Modellernen oder durch Verhaltensübungen. Vorrangiges Ziel von Suchtprävention ist die Persönlichkeitsentwicklung. Förderung von Handlungskompetenzen zur Umsetzung von Wissen in Handlungen auch in schwierigen Situationen ist ein wichtiger Bestandteil von präventiven Maßnahmen

b) Förderung persönlicher Kompetenzen

Verhaltensbezogene Suchtprävention ist darauf ausgerichtet, individuelle Handlungskompetenzen zu erweitern. Neben der Förderung der kognitiven Kompetenz, d.h. der Entwicklung der sachbezogenen Denkfähigkeit, geht es um die Förderung der moralischen und der sozialen Kompetenz. Die mangelnde Fähigkeit, sich mit sozialen und in Bezug auf Schule leistungsmäßigen Anforderungen auseinanderzusetzen, gilt als ein Hauptrisiko für den Mißbrauch legaler und den Gebrauch illegaler Drogen. Schlechte Schulleistungen stellen eine Ausgangsbedingung dar für Delinquenz und Drogenkonsum. Gezielte Leistungsförderung kann als eine präventive Maßnahme betrachtet werden, ebenso soziales Kompetenztraining, durch das soziales Lernen in der Schule verbessert wird. Durch gezielte Programme sollen Schüler lernen, Kontakte untereinander aufzunehmen, Gefühle wahrzunehmen und auszudrücken, soziale Beziehungen zu Freunden zu pflegen, d.h. insgesamt ein prosoziales Verhalten zu entwickeln.

c) Förderung von Selbstvertrauen und Selbstsicherheit

Schule muß dazu beitragen, die persönliche Selbstentfaltung von Schülern zu fördern und die Persönlichkeitsdifferenzierung entwickeln zu helfen. Junge Menschen mit einem positiven Selbstwertgefühl und mit Selbstverantwortung, die ihre persönlichen Stärken und Schwächen kennen und befriedigende schulische Leistungsergebnisse aufweisen, sind eher vor Drogenkonsum geschützt als Jugendliche, die nur über ein geringes Selbstwertgefühl verfügen.

Mangelndes Selbstvertrauen und mangelnde Selbstsicherheit können ganz verschiedene Ursachen haben: frühe Erziehungseinflüsse, z.B. fehlende Anerkennung in der Familie oder in der Schule können ebenso zu negativen Kognitionen über sich selbst und zu einem gestörten Selbstbild führen wie häufige Mißerfolge.

Programme zur Förderung von Selbstvertrauen müssen deshalb bei den Kognitionen der Jugendlichen ansetzen und versuchen, eine realistische Selbsteinschätzung und gleichzeitige Akzeptierung der eigenen Persönlichkeit zu erreichen. Es kommt darauf an, eigene Stärken erfahrbar zu machen und die Möglichkeit zu haben, sich mit seinen Ängsten auseinanderzusetzen. In Rollenspielen können entsprechende Handlungsstrategien erlernt werden, um mit Ärger umzugehen, sozialem Druck nicht vorschnell nachzugeben, auf Kritik angemessen zu reagieren usw.

5.2. Sozial-ökologische Dimension

Die sozial-ökologische Dimension von Suchtprävention bezieht sich auf Maßnahmen, die darauf ausgerichtet sind, suchterzeugende und suchtfördernde Bedingungen im Raum der Schule zu ändern. Es geht hier u.U. um die Verbesserung des Schulklimas, um die Förderung von Gemeinschaftsaktivitäten und um die Fortbildung von Lehrerinnen und Lehrern.

a) Verbesserung des Schulklimas

Ein gutes Schulklima stellt in verschiedener Hinsicht ein Beitrag zur Prävention dar. Verändert sich das Klima der Schule, so hat dies eine unmittelbare Auswirkung auf das Leben der dort agierenden Menschen. Dies kann unmittelbar dazu führen, daß die innerschulischen Ursachen, die abhängigem Verhalten Vorschub leisten, verringert werden. Verbessert sich durch angemesseneres Sozialverhalten das Schulklima, so kann dies auch eine günstige Auswirkung auf den außerschulischen Bereich haben.

Neben der Vermittlung von Wissen hat Schule einen weit darüber hinausgehenden Erziehungsauftrag. Erziehung bezieht sich nicht einseitig auf Ausbildung intellektueller Fähigkeiten. Neben der kognitiven Dimension muß im Erziehungsprozeß auch die gesamte Emotionalität gefördert werden.

Der Erziehungsauftrag kann aber nur dann sinnvoll realisiert werden, wenn Erziehungsziele und schulische Wirklichkeit übereinstimmen.

b) Förderung von Gemeinschaftsaktivitäten

Die schulische Umwelt sollte so gestaltet sein, daß sich Schüler mit ihr identifizieren können.

Dazu muß Schule Anreize bieten zum Experimentieren und Erproben, zum Gestalten und Planen. Gemeinschaftsaktivitäten wie Schul- und Klassenfeste, eigene Theateraufführungen usw. bieten sowohl die Möglichkeit, daß sich Schüler mit ihrer Schule identifizieren können als auch zur Förderung von Kreativität und zur Erweiterung des Schullebens.

c) Fortbildung von Lehrerinnen und Lehrern

Zahlreiche Lehrerinnen und Lehrer müssen Aufgaben bewältigen, für die sie aufgrund ihrer Ausbildung oft nicht genügend qualifiziert sind. Dies gilt auch und besonders für den Bereich Suchtprävention.

Fortbildung von Lehrerinnen und Lehrern sind in folgenden drei Bereichen wünschenswert:

- Da wirkungsvolle Prävention an den Bedingungsfaktoren für den Drogenkonsum ansetzen muß, gilt es die Defizite zu erkennen, die eine Persönlichkeitsentwicklung von jungen Menschen beeinträchtigen können. Es kommt darauf an, ungünstige Verarbeitungsformen von negativen Erlebnissen bei Schülern frühzeitig zu erkennen und gezielte Hilfe und Förderung zu geben.

- Verbesserte Sozialerziehung von Schülern setzt voraus, daß Lehrkräfte selbst über ausgeprägte soziale Kompetenz verfügen.

- Prävention verlangt eine Verstärkung der Kontakte zwischen Schule und Eltern. Lehrende müssen über ausgeprägte Kompetenzen verfügen, Eltern zur Mitarbeit zu motivieren, Kontakte zu Eltern herzustellen und aufrecht zu erhalten.

5.3. Kommunale Dimension

In der Regel erfolgen suchtpräventive Maßnahmen isoliert, d.h. einerseits führen Schulen Aktivitäten durch, zum anderen gibt es auch zahlreiche nicht-schulische Einrichtungen wie Beratungsstellen usw., die in diesem Bereich tätig sind.

Eine Kooperation findet selten statt, obwohl die Zusammenarbeit von beiden Institutionen neue Chancen für die präventive Arbeit eröffnen würde.

Schulen und soziale Einrichtungen könnten besser miteinander und untereinander verbunden sein, um soziale Ressourcen wirkungsvoller zu nutzen. Bei einer solchen Öffnung der Schule hin auf das Gemeinwesen sollte es sich freilich um keine einmalige Aktion handeln, vielmehr kommt es darauf an, eine dauerhafte Verbindung herzustellen.

Ein vorbeugend schützendes Selbstwertgefühl von Kindern kann auch dadurch erreicht werden, daß sich Heranwachsende einen Platz im Gemeinwesen schaffen, indem sie mehr Präsenz und Engagement im und für einen Stadtteil entwickeln. Stadtteil- und Gemeinwesenprojekte können die Verbindung zwischen Schule und den im übrigen Gemeinwesen Tätigen fördern, tragen zum Gemeinschaftssinn bei, schaffen Kontakte und sind ein praktisches Beispiel dafür, wie gegen grassierendes Ausweichverhalten angegangen werden kann. Das Gemeinwesen wird als Lebenswirklichkeit der Kinder und Heranwachsenden in alle Bereiche des schulischen Lebens einbezogen.

Literaturhinweise

Badura, B.: Gesundheitsförderung und Prävention aus soziologischer Sicht. In: Paulus, P. (Hrsg.): Prävention und Gesundheitserziehung. Köln 1992.

Beck, U.: Risikogesellschaft. Auf dem Weg in eine andere Moderne. Frankfurt/M.: Suhrkamp, 1986.

Conrad, G./Schmidt, W.: Glossar. Gesundheitsförderung. Eine Investition für die Zukunft. Internationale Konferenz, Bonn, 17-19. Dezember 1990, Tauberbischofsheim 1990.

Engel, U./Hurrelmann, K.: Psychosoziale Belastung im Jugendalter. Berlin-New York 1989.

Fauser, R.: Bildungserwartungen von Eltern für ihre Kinder. Familiäre Faktoren für Schulwünsche vor dem Übergang in den Sekundarbereich. Arbeitsbericht 7, Projekt „Bildungsverläufe in Arbeiterfamilien". Universität Konstanz 1983.

Franzkowiak, P./Sabo, P. (Hrsg.): Dokumente der Gesundheitsförderung. Mainz: Peter Sabo Verlag, 1993.

Haug, Ch.: Gesundheitsbildung im Wandel. Die Tradition der europäischen Gesundheitsbildung und der „Health Promotion"-Ansatz in den USA in ihrer Bedeutung für die gegenwärtige Gesundheitspädagogik. Bad Heilbrunn: Klinkhardt, 1990.

Holler-Nowitzki, B.: Psychosomatische Beschwerden im Jugendalter. Schulische Belastungen, Zukunftsangst und Streßreaktionen. Weinheim: Juventa, 1994.

Hurrelmann, K.: Lebensbedingungen, Drogenkonsum, Sucht – soziologische und sozialisationstheoretische Erklärungsversuche. In: Bayerische Schule, 3, 1989, S. 20.

Hurrelmann, K.: Familienstreß, Schulstreß, Freizeitstreß. Gesundheitsförderung für Kinder und Jugendliche. Weinheim: Beltz, 1990.

Hurrelmann, K.: Aggression und Gewalt in der Schule. Ursachen, Erscheinungsformen und Gegenmaßnahmen. In: Pädagogisches Forum, 5, 1992, S. 65-74.

Hurrelmann, K.: Lebensphase Jugend. Eine Einführung in die sozialwissenschaftliche Jugendforschung. Weinheim: Juventa, 1994.

Kolip, P. et al. (Hrsg.): Jugend und Gesundheit. Interventionsfelder und Präventionsbereiche. Weinheim: Juventa, 1995.

Lehmkuhl, G.: Kinder und Jugendliche mit psychiatrischen Auffälligkeiten. In: Kolip, P. et al. (Hrsg.): Jugend und Gesundheit. Interventionsfelder und Präventionsbereiche. Weinheim: Juventa, 1995, S. 159-176.

Meulemann, H.: Bildungsexpansion und Wandel der Bildungsvorstellungen zwischen 1958 und 1979: Eine Kohortenanalyse. In: Zeitschrift für Soziologie, 3, 11. Jg., 1982, S. 227-253.

Müller, D.K.: Sozialstruktur und Schulsystem. Aspekte zum Strukturwandel des Schulwesens im 19. Jahrhundert. Göttingen 1977.

Müller, D.K.: Der Prozeß der Systembildung im Schulwesen Preußens während der zweiten Hälfte des 19. Jahrhunderts. In: Zeitschrift für Pädagogik, 2, 27. Jg., 1981, S. 245-270.

Müller, R.: Schüler und die Droge Alkohol. In: Kollehn, K./Weber, N.H. (Hrsg.): Der drogengefährdete Schüler. Düsseldorf 1985, S. 47.

Nordlohne, E.: Die Kosten jugendlicher Problembewältigung. Alkohol, Zigaretten- und Arzneimittelkonsum im Jugendalter. Weinheim: Juventa, 1992.

Pelikan, J. et al. (Hrsg.): Gesundheitsförderung durch Organisationsentwicklung. Konzepte, Strategien und Projekte für Betriebe, Krankenhäuser und Schulen. Weinheim: Juventa, 1993.

Petermann, F.: Chronische Krankheiten. Einführung in den Themenschwerpunkt. Kindheit und Entwicklung. In: Zeitschrift für Verhaltensmedizin und Entwicklungspsychopathologie, 3, 1994, S. 3.

Sass, J./Holzmüller, H.: Bildungsverhalten und Belastungen in Familien mit schulpflichtigen Kindern. Ergebnisse der empirischen Befragung „Familie und Plazierung 1977". München: Verlag DJI, 1982.

Seiffge-Krenke, I.: Psychische Störungen im Jugendalter. In: Kolip, P. et al. (Hrsg.): Jugend und Gesundheit. Interventionsfelder und Präventionsbereiche. Weinheim: Juventa, 1995, S. 177-203.

Waller, H.: Gesundheitsförderung. In: Stimmer, F. (Hrsg.): Lexikon der Sozialpädagogik und der Sozialarbeit, München/Wien 1994, S. 216.

WHO: Die Ottawa-Charta zur Gesundheitsförderung. In: Paulus, P. (Hrsg.): Prävention und Gesundheitsförderung. Perspektiven für die psychosoziale Praxis. Köln: GwG, 1992, S. 17-22.

Zymek, B.: Expansion und Differenzierung. Perspektive und Enttäuschung. Unveröffentlichte Habilitation, Bochum 1983.

Rudolf Lumpp

„Ich bin ein toller Typ, aber ich bin nicht immer gut drauf" - Grundlagen und Durchführung eines Curriculums zur Suchtprävention

1. Sozial-historischer Abriß

Lassen Sie mich gleich zu Beginn eines dieser kursierenden falschen Dogmen berichtigen: Süchtiges respektive süchtelndes menschliches Verhalten war und ist Bestandteil der menschlichen Persönlichkeit. Es gibt historisch und ethnologisch keine suchtfreien Inseln, sondern über alle kulturellen und zeitlichen Grenzen hinweg hat der Homo sapiens immer wieder versucht, Befindlichkeiten mit psychotropen Stoffen oder Verhaltensweisen zu regulieren. Was dabei - auch in historischem Rückblick - auffällt, ist die Ambivalenz, mit der ethnische Gruppierungen einerseits den Konsum kulturadäquater Mittel akzeptierten oder gar forderten, andererseits aber die Auswüchse des Rausches anprangerten oder zu bekämpfen versuchten. Schon von Beginn der Geschichtsschreibung an gab es immer wieder Klagen über Mißbrauch psychoaktiver Substanzen, in der Antike und im Mittelalter waren dies ausschließlich Bier und Wein, die als einziges Suchtmittel verfügbar waren. Damals war Trunkenheit ein auf bestimmte Anlässe und meistens auf vermögende Kreise beschränktes Problem. Erst nach dem Mittelalter entstand ein modernes, weltliches Muster vielfältigen Gebrauches psychoaktiver Substanzen, und die Probleme, die daraus entstanden, nahmen eine größere Bedeutung ein als vorher. Technische Entwicklung, Mobilität, Kommerzialisierung und eine erhöhte Verfügbarkeit schufen neue Problemsituationen, die sich insbesondere auf Branntwein bezogen. Gleichzeitig veränderte sich die Bereitschaft, neue Formen des Genusses psychoaktiver Substanzen anzunehmen. Die nach dem Mittelalter gelockerten sozialen und religiösen Verhaltenskontrollen ließen eine mehr modern ausgerichtete Gesellschaft hervortreten. Ebenso spielte die Tatsache eine nicht unbedeutende Rolle, daß Psychoaktivsubstanzen als willkommene und lukrative Einkommensquelle der neuen weltlichen Staaten angesehen wurden. Die Integration von Suchtmitteln in religiöse Riten ist dabei sicherlich eine Variante, den negativen Folgen des Konsums entgegenzuwirken. Insbesondere in der heutigen Zeit setzt man voraus, daß in jedem Menschen ein Regulativ innewohnt, das ihn vor pathologischen Rauschzuständen und darüber hinaus vor einem Abgleiten in die Sucht schützen würde. Somit wird bis zum heutigen Tag der maßvolle kulturadäquate Genuß von Suchtmitteln akzeptiert und gefordert, der unkontrollierte Umgang dagegen wird sanktioniert und die Betroffenen werden als krank abgestempelt.

Hinter dieser Einteilung in normal und krank steckt wohl auch der falsche Mythos, daß Suchtmittelkonsum rational zu steuern sei und dem Kranken eben nur der Abschaltmechanismus fehle. Daß Suchtverhalten sozial und individuell sich auf einem Kontinuum bewegt, wird dabei außen vor gelassen. Dieses digitale Denken ergibt sich offensichtlich aus einer auf breiter sozialer Basis akzeptierten Auffälligkeitsgrenze. Konsum, ja exzessiver Konsum wird akzeptiert, solange daraus kein dissoziales Verhalten resultiert. Kontrollverlust verbunden mit Grenzüberschreitung wird sanktioniert. Zu diesen Grenzüberschreitungen zählt natürlich der Konsum illegaler Suchtmittel auch in kleinen Dosen. Es gilt geradezu als sozial erwünscht, große Mengen eines kulturadäquaten Suchtmittels konsumieren zu können, ohne dabei Kontrollverlust zu erleiden. Somit ist die Definition „krank" relativ unabhängig von der Dosis des konsumierten Suchtmittels.

Im Zuge der sich neu entwickelten Rationalität erscheint der Rausch als „mißlungene Beherrschung einer rational konzipierten Welt". Da in der frühen Neuzeit zugleich der Staat auf den Plan tritt, erscheint es plausibel, daß gerade ihm die Aufgabe zugewachsen ist, Sanktionen auszusprechen, um ähnliches Mißlingen künftig zu verhüten (STOLLEIS 1996). Hieraus wird ersichtlich, daß es durchaus möglich ist, enorme Mengen von Alkoholika zu sich zu nehmen (300 g entsprechen mehr als 12 halben Bier), ohne daß institutionalisierte Sanktionsmechanismen greifen. Erst normative Grenzüberschreitungen werden sanktioniert.

Abbildung 1: Zusammenhang zwischen Auffälligkeitsgrenze und Alkoholmenge

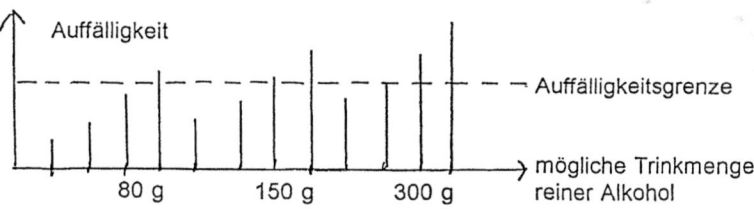

Daraus folgt, wer sich häufig über die Auffälligkeitsgrenze hinweg bewegt und somit weitestgehend eine Belastung für das soziale Gefüge darstellt, der soll unter diese Auffälligkeitsgrenze gebracht werden. Die Methoden hierzu reichen von intensivstem therapeutischen Bemühen bis hin zu sozialer Ausgrenzung und Ächtung.

Über Jahrhunderte hinweg wurde kein präventiver Ansatz umgesetzt, um pathologischem Suchtverhalten entgegenzuwirken. Zwar finden sich historisch immer wieder Klagen über unmäßigen Umgang mit psychotropen Stoffen, jedoch begann man erst im 20. Jahrhundert über Wege nachzudenken, wie man Menschen davon abhalten könne, sich durch übermäßigen Suchtmittelgebrauch aus der sozialen Gemeinschaft herauszukatapultieren.

Daß dabei die Schule der Ort sei, an dem man am effizientesten präventiv wirken könne, wurde zur selbstverständlichen Erkenntnis. Die Gesetzmäßigkeiten der menschlichen Entwicklung - auch dargestellt in Entwicklungs- und pädagogischer Psychologie - führten schnell dazu, daß man die menschliche Lernfähigkeit dann nutzen sollte, wenn sie am ausgeprägtesten ist.

Ein echter sozialer Handlungsdruck entstand jedoch erst ab den 60er Jahren, nachdem bedingt durch verschiedene Faktoren kulturinadäquate Suchtmittel vermehrt Eingang in unser Gesellschaftssystem fanden. Interkultureller Austausch, bedingt durch eine enorm gesteigerte Mobilität, ermöglichte die Diffusion von Suchtmitteln in Kulturen, die aufgrund fehlender Rituale gegen die Auswüchse dieser kulturinadäquaten Mittel nicht geschützt waren. Auch scheint es so, daß erst durch die Globalisierung und die generelle Verbreitung kulturinadäquater Suchtmittel die wissenschaftliche Forschung und die praktische Umsetzung von Prävention einen enormen Anschub erfuhren. Möglicherweise führte die Beschäftigung mit illegalen Suchtmitteln erst dazu, die jahrhundertelang vorhandenen kuluradäquaten Mittel genauer unter die Lupe zu nehmen. Daß dabei im präventiven Bereich anfänglich mehr guter Wille als Sachverstand vorhanden war, ist sicherlich zum damaligen Zeitpunkt auf die geringe Erfahrung im präventiven Bereich zurückzuführen. Dies hat sich jedoch in den letzten 15 Jahren grundlegend geändert.

2. Bedingungen für schulische Prävention

Um schulische Prävention wirkungsvoll zu initiieren und umzusetzen, sollten wir uns über das soziale Bedingungsgefüge, in dem Suchtmittelge- oder -mißbrauch stattfindet, einige Gedanken machen.

Da Schule zweifelsohne ein Spiegelbild sozialer Gegebenheiten ist und diese darüber hinaus focussiert, sollten wir versuchen, diese Strukturen einmal zu analysieren. Eines sei vorweg gesagt: Der Königsweg der schulischen Suchtprävention ist nicht gefunden (obwohl manche dies verkünden).

Häufig wird übersehen, daß der entscheidende Auslöser einer Drogenkarriere nicht das Suchtpotential eines Mittels oder das Mittel selbst ist, sondern eine Störung in der Persönlichkeitsstruktur, die bereits in der Kindheit begonnen hat und die wiederum eine Störung der Gesellschaft widerspiegelt. Diese Störung hängt wieder mit der Entwicklung der Industrie und bürgerlichen Gesellschaft zusammen, an deren Anfang ja auch die Ausgrenzung der im Mittelalter oder in den Primitivkulturen noch durchweg integrierten Narren, Trunkenbolde, Krüppel usw. in besondere Gettos stand. Vor allem mit der Zunahme der enormen Leistungskonkurrenz in unserer Gesellschaft steigerte sich auch der Druck auf die Kinder und Jugendlichen. Die permanent zu zeigende Leistungsbereitschaft führt dazu, daß die zeitweilige Rückkehr in kindliche Zustände - also regressive Verhaltensweisen -, die ja auch das Wesen des Suchtmittelgebrauches bestimmen, gesellschaftlich geächtet wurden.

Diese Verbote steigerten wiederum die Suchtgefahr. Historisch können wir die Entwicklung eines Teufelskreises von Fortschrittsdenken einerseits und Sehnsucht nach Rückzug, also nach Regression, feststellen. Hier stehen sich zwei Prinzipien polar gegenüber. Einerseits das fortschrittsorientierte, progressive Prinzip, andererseits das Bedürfnis nach Spiel, Zärtlichkeit, Phantasie, Traum, Schlaf und Kreativität. Im gesunden Menschen - zu dem ja eine gesunde Gesellschaft gehört - sind beide Prinzipien miteinander harmonisch verknüpft. Sie stehen sich nicht feindlich gegenüber. Beim gestörten Menschen ist dies anders. Einfach ausgedrückt: der erfolgsbetonte Leistungsmensch hält Spielerei und Passivität für Zeitverschwendung. Das erholsame Moment einer kreativen Stille ist ihm fremd. Menschen, die an depressiven Zuständen leiden, wollen häufig immer dann ausruhen oder sich zurückziehen, wenn sie eigentlich arbeiten sollten oder aktiv sein müßten.

In den sogenannten primitiven Kulturen und Gesellschaften sind die Zustände des Sich-Zurückziehens, also auch des Rausches oder des Suchtmittelgebrauches, in den Gesamtzusammenhang des sozialen Lebens eingebettet. Dort findet man bemerkenswert wenig depressive Erkrankungen. In diesen Gesellschaften ist das Suchtmittel häufig in den Alltag eingebettet und die Auswirkung des Konsums durch die ritualisierte Form geschützt. In unserer Gesellschaft sind diese Zusammenhänge zerrissen bis hin zum Extremfall des Heroinsüchtigen, der ein Produkt der chemischen Industrie mit einem technischen Mittel, einer Spritze, benützt, um einen seelischen Zustand zu bekämpfen, der sich am einfachsten als innere Leere charakterisieren läßt.

Wie kommt es nun, daß dieser ursprünglich harmonische Zusammenhang zwischen progressiven und regressiven Verhalten in unserer Gesellschaft zerfallen ist?

Sicherlich ist der Zusammenhang sehr komplex. Eine wesentliche Rolle spielt jedoch mit Sicherheit die Erziehung zur Leistung, die mehr einer Leistungsdressur ähnelt, in der regressive Verhaltensweisen wenig Raum haben. Sie führt zu einer seelischen Orientierung, zu einer emotionalen Ausrichtung an möglichst hohem Gewinn an Macht (auch Geld ist Macht). Die Suchtmittel werden in unserer Gesellschaft so wichtig, weil sie die seelische Situation eines Menschen zu verändern in der Lage sind. Sie wirken als Art

Ersatzbefriedigung oder Krücke. Durch permanente Wiederholung wird die Krücke auf Dauer unentbehrlich und letztlich wird sie durch Dosissteigerung so überlastet, daß sie keine Hilfe mehr bringt sondern nur noch Schwierigkeiten schafft.

Suchtmittel haben somit ihren sozialen Sinn verloren. Die ursprüngliche Bedeutung, die teilweise auch religiös oder mythisch eingebettet war, ist verloren. Das Zusammenspiel progressiver und regressiver Elemente des täglichen Lebens sind nicht mehr vorhanden. Die biblische Aufforderung „... und am 7. Tage sollst du ruhn" wird in unserer Gesellschaft als störend empfunden. Da nicht mehr geruht werden kann oder darf, greifen entsprechend mehr Menschen zu Suchtmitteln, um dem permanenten leistungsorientierten Streben auch Einhalt zu gebieten. Dieses Prinzip des Vorwärtsschreitens und Innehaltens hat schon Benedikt von Nursia mit zwei Worten beschrieben: „Ora et labora". Die Fähigkeit zu beten - mit anderen Worten innezuhalten - auch zu regredieren, geht in unserer Gesellschaft leider mehr und mehr verloren. Deshalb greifen viele Menschen vermehrt zu Suchtmitteln, um sich diese nicht mehr vorhandene innere Ruhe zu verschaffen. Hier ist es notwendig, um die Bedeutung von Suchtmitteln für den Menschen zu verstehen, neben den auffälligen unangepaßten Süchtigen die angepaßten Abhängigen zu sehen.

JÜRGEN VOM SCHEIDT hat dafür das Wort der „Innenweltverschmutzung" geprägt, welches es der Umweltverschmutzung gegenüberstellt. Innenweltverschmutzung kann hier auch als Form einer Disbalance verstanden werden. Verlernt der Mensch in einer Leistungsgesellschaft die Fähigkeit, seine natürlichen Ressourcen zwischen aktiv und passiv auszubalancieren, so bieten sich Suchtmittel als Ausgleichsgewichte auf der Spannungs-/ Entspannungswaage an. Geradezu pervertiert erscheint in einer Leistungsgesellschaft der Wahlspruch der Benediktiner, der dann nicht lauten würde „Ora et labora", sondern „labora semper labora". Wenn wir in die Zukunft schauen, so scheinen uns - das klingt sehr widersinnig - die unangepaßt Süchtigen eher hoffnungsvoll zu stimmen als die angepaßten, die ohne Leidensdruck und Krankheitseinsicht weiterhin durch ihr ungezügeltes Konsumverhalten die Umwelt zerstören. SCHMIDBAUER vertritt z.B. die Ansicht, Konsumverhalten in der Industriegesellschaft, das durch ungezügelten Verbrauch von Rohstoffen und Energie die Umwelt zu vernichten droht, ist die am meisten verbreitete Form von Sucht. Nach seiner Ansicht ist der „Homo consumens" wie einst der Dinosaurier zum Aussterben verurteilt. Die Frage, ob der „Homo sapiens" diese Katastrophe als entwicklungsfähige Art überstehen wird, scheint gegenwärtig offen.

So gesehen ist das Suchtproblem nur im Zusammenhang mit der gegenwärtigen Krise der technischen Zivilisation als ökologischem System zu sehen. Jede andere puristische, also monokausale Betrachtungsweise - also auch rein kriminaltaktische oder toxikologische - greift zu kurz und bleibt immer in Detailaussagen hängen. Dies betrifft selbstverständlich auch den Bereich der Prävention. Somit ist grundsätzlich das Problem des Suchtmittelge- oder vor allem auch -mißbrauches nicht aus der Zahl jugendlicher Herointoter abzuleiten, sondern aus den desintegrierenden Vorgängen in unserer Gesellschaft selbst. Die Besinnung auf konstruktive regressive Elemente, das Praktizieren kontemplativen Verhaltens ist wohl auf längere Sicht das einzige Mittel, um dem Amoklauf, dem Wachstums- und Zwangssystem unserer Industriegesellschaft und damit auch dem Drogenproblem Paroli bieten zu können.

Lassen Sie mich dazu einige Beispiele nennen:

• Abkehr von aggressiver, leistungsbewußter Männlichkeit,

• Abbau strenger patriarchalischer Strukturen,

• eine neue Einstellung zu unseren Kindern, die wohl nur dann dem Menetekel des Drogenmißbrauchs entgehen können, wenn sie in einem Dialog mit Erwachsenen aufwachsen, der sie als selbständige, gefühlvolle Wesen annimmt und sie nicht durch überzogene Idealvorstellungen der Eltern belastet.

Die Arbeitsprozesse in der Industriegesellschaft, die nur nach Leistung und Profit orientiert sind, taugen wenig, den Menschen in seiner Entwicklung und Selbstverwirklichung zu fördern. Das Motto „small ist beautiful" sollten wir uns auf die Fahnen schreiben. Verkleinerung nicht Expansion, Vielfalt nicht Spezialisierung, sind gefordert. Nicht Polizei, nicht restriktive präventive Ansätze werden die Zahl der jugendlichen Erstkonsumenten vermindern, sondern nur das Aufwachsen in einer Welt, in der es sich für einen jungen Menschen subjektiv lohnt, groß zu werden. Wenn beispielsweise Kultusminister die musischen Fächer von den Schulen scheuchen, dann ist es anschließend Augenwischerei, sich einen Experten zu holen, der die Schüler vor den Suchtmitteln warnen soll. Damit ist nichts gegen sachliche Information gesagt, aber ich wehre mich gegen die Anmaßung, die darin liegt, tief verwurzelte emotionale Bedürfnisse wie Träume, Phantasien und Kreativität mit seichten Vernunftsargumenten und Leistungszwängen aus der Welt zu schaffen. Wenn an unseren Schulen die Gefühle und Phantasien der Kinder so wichtig genommen würden wie Mathematik und Rechtschreibung, dann könnten wir offensichtlich mehr auf sog. Gefühlslehrer oder gar Suchtmittelexperten verzichten.

Die Geschichte der schulischen Suchtvorbeugung ist sehr jung. Vorbeugung war damals noch ein relativ neues Sachgebiet, auf dem man sich noch nicht so ganz sicher bewegte. Zunächst wurde die Forderung nach einer besseren Information über Suchtmittel gestellt. Diese Forderung ist und war verständlich. Nur auf Information allein zu setzen, war aber zu kurz gegriffen. Die Aussage: „Informierte Kinder sind geschützte Kinder" trifft nur sehr bedingt zu.

Lassen Sie mich dies an einem Beispiel verdeutlichen. Es ist davon auszugehen, daß Erwachsene bestens über die Schädlichkeit des Rauchens informiert sind. Dennoch ist es nicht möglich, alle Menschen vom Rauchen abzubringen, obwohl eine Einsicht, ein Einsehen in den Sachverhalt, als gegeben gelten kann.

Wenn dies so einfach wäre, könnten wir alle Raucher zu einer Informationsveranstaltung versammeln, ihnen Sachverhalte einsichtig machen, mit dem Ergebnis, daß der Verstand das Tun aller Raucher bestimmen würde, d.h. wir hätten am nächsten Tag eine Gesellschaft von Nichtrauchern vor uns. Diese rein informative Vorbeugung wurde sehr schnell als untauglich erkannt.

Eine weitere Form, nämlich durch Abschreckung junge Menschen vor dem Drogenkonsum zu bewahren, hat sich als ebenso untauglich erwiesen, wobei jedoch nicht auszuschließen ist, daß in einzelnen Fällen auch Abschreckung eine Wirkung haben kann.

Gerade Jugendliche vom möglichen Suchtmittelkonsum durch Abschreckungen außen vor zu halten, wirkt lernpsychologisch besonders dann paradox, wenn für diese Jugendlichen die Folgen des Suchtmittelkonsums als äußerst angenehm erlebt werden.

Im allgemeinen jedoch ist Abschreckung unwirksam, weil jeder Abhängige typischerweise für sich in Anspruch nimmt, immer noch rechtzeitig aufhören zu können. Auch dieses Mittel ist für eine schulische Suchtprävention ungeeignet. Ein Film über den Tod eines Fixers erzeugt allenfalls einen Gruseleffekt, kann aber bei einem Schüler, der z.B. Haschisch konsumiert, nicht dazu führen, seinen Konsum aufzugeben, weil er sich immer distanzieren kann, mit dem Gedanken: „So weit wird es bei mir nie kommen, ich kann jederzeit rechtzeitig aufhören". Diese Einschätzung entspricht auch den Erfahrungen zahlreicher Pädagogen, die noch vor 20 Jahren vergeblich versucht hatten, mit Information und Abschreckung den Drogenkonsum zu bekämpfen. Daß ein suchtmittelferner Ansatz besser im vorbeugenden Sinne wirken könnte, war schon damals bekannt.

Es war damals schon klar, daß eine reine Drogeninformation wenig vorbeugend wirken könnte, daß man vielmehr auf die Ursachen und Hintergründe dieses Phänomens eingehen müsse.

3. Suchtprävention - aber wie?

Die Richtung einer schulischen Prävention haben übrigens weder Lehrer noch Eltern oder Experten alleine bestimmt. Es ist vielmehr zum großen Teil der Schülerschaft zu verdanken, daß sie in einer offenen Weise an den Maßnahmen Kritik geübt haben, die zunächst über die Schule hereingebrochen waren.

SMV-Vertreter und Schüler waren es, die der vielen Information müde wurden, die auf sie einströmten und die darauf hinwiesen, daß sie genug informiert seien; die nur noch widerwillig reagierten, wenn Lehrer wieder erneut das Thema Sucht und Drogen, speziell den illegalen Bereich, im Unterricht aufgriffen oder die sogar darauf hinwiesen, daß einige ihrer Mitschüler dadurch Neugierverhalten zeigten. Bei der Abschreckungsstrategie witterten sie mit Recht den moralischen Zeigefinger, wenn hier durch Erwachsene diese Problematik an Schüler herangebracht werden sollte. Der Tenor dieses Vorwurfs war: „Ihr Erwachsenen warnt uns Jugendliche vor der Drogengefahr. Schaut doch einmal in die Gesellschaft hinein, dann werdet Ihr verstehen, daß wir uns dagegen verwahren, denn Ihr Erwachsenen habt eine weit größere Drogenproblematik". Ein berechtigter Vorwurf.

Die Jugendlichen hatten sich dagegen gewehrt, isoliert betrachtet zu werden, während eine ganze Gesellschaft längst Drogen konsumierte. Denken wir an die 2,5 Mill. Alkoholiker mit 40.000 Todesopfern pro Jahr, an die 1, 4 Mill. Tablettenabhängigen, denken wir an das unsagbare Leid, das durch den Drogenkonsum in den Familienbeziehungen und bei den betroffenen Kindern geschaffen wird. Mit anderen Worten: Damals haben uns die Jugendlichen gelehrt, daß Drogenabhängigkeit schon längst ein gesamtgesellschaftliches Problem geworden war.

Unbestritten setzte sich schon sehr früh die Erkenntnis durch, daß die Behandlung des Themas Sucht und Drogen im Schulunterricht verantwortungsvoll konzipiert, in einen didaktisch-methodischen Rahmen eingebunden werden mußte.

Schule ist der Ort, an dem kognitive Prozesse, durch Auseinandersetzung mit Inhalten Einsichten gewonnen werden, die verarbeitet, analysiert, in Zusammenhängen neu geordnet, zu einer Urteilsbildung führen können. Entscheidend dabei ist, daß auch eine Urteilsfindung letztlich nicht isoliert stehen bleiben kann, sondern eine Umsetzung im Handeln erfolgen muß.

Es geht darum, den Willen im Jugendlichen so zu stärken, daß er in keine Abhängigkeit gerät.

Am effektivsten wirken nach neuesten wissenschaftlichen Erkenntnissen komplexe Lebenskompetenzprogramme, die primär nicht stofflich, sondern hauptsächlich an der Emotionalität des Menschen orientiert sind.

Es wurde auch immer deutlicher, daß Prävention nicht nur von einigen wenigen Experten und Spezialisten getragen werden kann. Es sollte Anliegen all derjenigen sein, die mit Menschen umgehen. Somit kann sich jeder von uns, sei es beruflich oder privat, hierin engagieren. Daß dabei ökonomische und gesellschaftliche Strömungen diesen Bemühungen entgegenwirken, ist offensichtlich. Das materielle Prinzip des „Immer Mehr" erleichtert es uns sicherlich nicht, Kindern zu vermitteln, daß auch „Weniger mehr sein kann".

Die durch die Medien mehr oder weniger offen vermittelte Botschaft: „Wenn Du etwas willst, dann nimm es Dir" erschwert das „Verzichten lernen" und verwischt die Grenzen zwischen Dein und Mein.

Und der von sogenannten Experten propagierte und geglaubte Spruch: „Du mußt es nur wollen, dann kannst Du es" verhindert die Einsicht gerade bei Jugendlichen und Eltern, daß eben nicht alles machbar und leistbar ist. Dieses geglaubte Ideal des Allesmachbaren ist letztlich auch die Ursache dafür, daß bei schulischem Versagen nicht etwa der Schüler verantwortlich ist, sondern daß es an der Unfähigkeit der Lehrer und der Institution Schule liegt, das Kind zum Erfolg zu tragen.

Die Jagd nach dem permanenten Glück verhindert die Einsicht in die eigene Begrenztheit und erzeugt persönliche Panik, Depression und Gewalt. Was liegt näher, als dann mit künstlichen Glücksbringern seine Befindlichkeit zu regulieren. Hier ist es gerade die Werbung in den Medien, die Omnipotenzphantasien Vorschub leistet. Somit wirkt sie einer effektiven Suchtvorbeugung entgegen. Mit anderen Worten, eine sinnvolle Prävention muß, langfristig gesehen, gegen den Strom der Zeit schwimmen.

Deshalb scheint mir eine Frage durchaus berechtigt:

„Lohnt sich denn Suchtvorbeugung angesichts dieser ökonomischen und sozialen Rahmenbedingungen?"

Lassen Sie mich die Antwort vorweg nehmen. E s   l o h n t   s i c h !

Viele verschiedene Fachrichtungen und Institutionen beteiligen sich dabei an dieser Aufgabe. Was in letzter Zeit allerdings vermehrt auffällt, ist die oftmals differente Zielrichtung bezüglich des Effektes einer sinnvollen Vorbeugung. Von restriktiver Prävention, Kampf gegen ..., plakativen Großveranstaltungen bis hin zu sachbezogener Aufklärung reicht dabei das Spektrum. Dies bedeutet konkret im schulischen Bereich, daß sich Lehrer verunsichert fühlen, welche Zielsetzung eine effektive Prävention haben soll. Auch bei Experten besteht hierzu keinerlei Konsens. Offensichtlich bewegen sich auch solche Personen auf diesem Betätigungsfeld, die ihre eigene subjektive Auffassung als Königsweg zur Lösung des Suchtproblemes darstellen.

Es hat sich ein Markt etabliert, auf dem das Produkt Vorbeugung in unterschiedlichen Verpackungen angepriesen wird. Dabei verkauft sich offenbar das knallbunt verpackte, einfach gestrickte Konzept besser als ein fachlich fundiertes, komplexes und strukturell verankertes Programm.

Das Idealziel „Suchtfreie Gesellschaft durch Kampf gegen Drogen" klingt zwar verführerisch, bringt aber den einzelnen Lehrer in seiner täglichen Arbeit mit Kindern und Jugendlichen in einen unauflösbaren Widerspruch mit der Realität. Prävention hat somit nicht Beseitigung eines Defizits als Ziel, sondern Reduzierung der negativen Auswirkungen eines gesellschaftlichen Phänomens. Schadensbegrenzung ist angesagt, nicht Schadensvermeidung.

Unerreichbare Zielvorgaben in der schulischen Suchtprävention führen langfristig bei denen, die sie durchführen sollen, zur Enttäuschung und Frustration.

Alles was dazu dient, Kindern, Jugendlichen und Erwachsenen ein Stück mehr sozialer Kompetenz zu vermitteln, sollte durchgeführt werden. Alles was befähigt, ihre Befindlichkeit ohne künstliche Mittel zu regulieren, soll vermittelt werden. Wenn es gelingt, die hohe Wertigkeit materiellen Besitzes ein wenig zurückzustutzen, schaffen wir Raum für mehr Menschlichkeit und Wärme. Stärkung und Erziehungskraft in Familien gibt den Heranwachsenden mehr Sicherheit und könnte Lehrer und Schule entlasten.

Selbstverständlich hat die Schule einen erzieherischen Auftrag, den sie in ihrem Rahmen auch wahrnimmt. Es kann aber wohl nicht Sinn der schulischen Erziehung sein, schlechte familiäre Sozialisation zu reparieren und zu flicken.

Ein gegenwärtiger Trend zeigt, daß Eltern dazu neigen, das, was sie erzieherisch nicht zu leisten in der Lage sind, auf die Schule zu projizieren. Wer sich dann als Lehrer einen pädagogischen und einen therapeutischen Schuh anzieht, der gerät leicht ins Stolpern. Die schulische Erziehung sollte somit die familiäre ergänzen, aber nicht ersetzen.

Genau dasselbe gilt auch für den Bereich der Prävention. Wie sollte Prävention aussehen? Sie sollte nicht propagandistisch klotzend daherkommen, nicht nur plakativ, sie sollte keineswegs auf Panikmache ausgerichtet sein. Sie sollte diese falschen Mythen und Dogmen, die über Suchtmittel kursieren, nicht unterstützen, sie sollte nicht streng stofforientiert, auf Abschreckung basierend, nicht nur eindimensional sein, sie sollte auch nicht nur durch Experten durchgeführt werden (Beispiel: Drogeninformationslehrer und Müdigkeit, immer wieder Suchtprävention machen zu müssen) und sie sollte sich vor allem auch nicht selbst konterkarieren (Beispiel: „Keine Macht den Drogen"). Prävention sollte stetig sein, sollte mehrgleisig durchgeführt werden, sie sollte unspektakulär, ruhig und informativ sein. Sie sollte den Menschen in den Mittelpunkt stellen und nicht den Stoff.

4. Modellhafte Annäherung an ein Konstrukt

Übereinstimmung herrscht mit Sicherheit, daß die Ursachen für Suchtmittelkonsum sich im Spannungsfeld der drei Faktoren Umfeld, Drogen, Individuum entwickeln. Sicherlich böte ein ganzheitliches primärpräventives Konzept, das alle drei Faktoren positiv zu beeinflussen imstande wäre, den effektivsten Ansatz für ein Präventionsprogramm.

Jedoch - wir haben es mit schulischer Prävention zu tun - müssen didaktische Ansätze auf die Felder beschränkt bleiben, die schulischerseits auch erreichbar sind. ROTHENBACHER zeigt, wie sich beeinflußbare und erstrangige Aspekte auf Umfeld, Individuum und Droge verteilen. Zusammengefaßt ergibt sich hieraus folgende Übersichtsgrafik.

Abbildung 2:

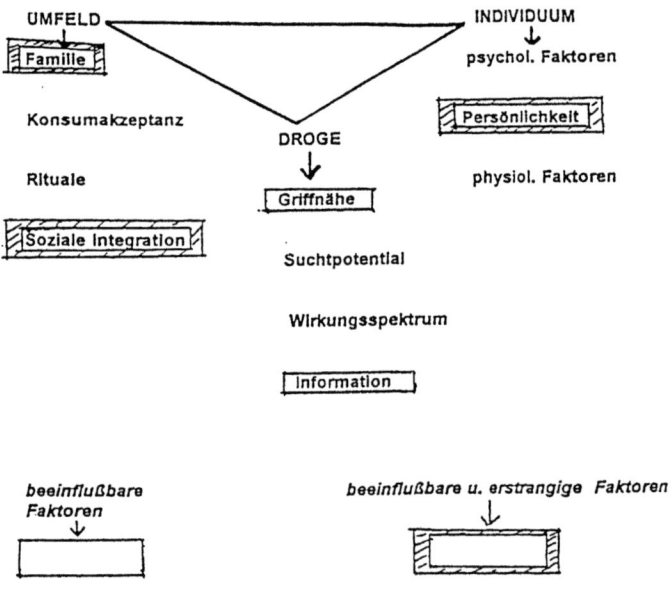

Daraus folgt, soziale Integration, Familie und Persönlichkeit sind erstrangige und beeinflußbare Felder, also erreichen präventive Ansätze hier die höchste Wirksamkeit. Der Erwerb sozialer Kompetenzen ist allgemeiner erzieherischer Auftrag der Schule, der in den Grundlagen zu den Bildungsplänen ausführlich erläutert wird. Es finden sich hierin wesentliche Elemente einer sinnvollen Primärprävention (Inwieweit diese innerhalb der Strukturen dieses Systems umgesetzt werden können, soll hier nicht erörtert werden.). Einfluß auf das soziale Mikrosystem Familie kann die Schule nur indirekt und begrenzt nehmen. Anstatt angestrebter partnerschaftlicher Zusammenarbeit zwischen Eltern und Schule geraten Kinder oft in ein Spannungsfeld, das sich zwischen elterlicher Erwartung und schulischem Auftrag spannt. Gerade überzogene elterliche Erwartungshaltungen, bezogen auf das Leistungsvermögen der Kinder, schaffen für diese emotionale Spannungen, die dann mit Suchtmitteln leicht zu reduzieren sind. Nicht nur dissoziale Strukturen stehen einer schulischen Suchtvorbeugung kontraproduktiv gegenüber, sondern auch Überbehütung und individualistische Tendenzen erleichtern keineswegs den schulischen Auftrag, Lebensqualifikation zu vermitteln. Wer einen Elternabend einer 4. Klasse besucht hat, bei dem es um Qualifikation für weitergehende Schulen geht, kann dies sicherlich bestätigen.

Bleibt somit die Persönlichkeit als erstrangiger und beeinflußbarer Faktor, der ein effektives präventives Vorgehen erlaubt. Hierbei stehen nicht die Erscheinungsformen süchtigen Verhaltens im Vordergrund, sondern die Entstehungsbedingungen, die zu einem süchtigen Verhalten führen, sind primäres Betätigungsfeld für eine sinnvolle und präventive Prävention.

Bei der Konzeption eines didaktischen Ansatzes zur Suchtvorbeugung stößt man auf die Schwierigkeit, den Konstruktbegriff „Sucht" transparent zu machen. Wie bei allen Konstrukten kann dies immer nur in einer Annäherungsform oder durch inhaltstreue Paradigmen erfolgen.

Bei der Entwicklung meines Konzeptes ging ich von folgenden Annahmen und Erkenntnissen aus:

In der Sozialpsychologie ist der Begriff des „attitude changing by knowledge" dargestellt und nachgewiesen.

Nach RINGELMANN muß bei jeder Wahrnehmung von neuen Informationen und deren Verarbeitung und Speicherung eine aktive Bearbeitung und Restukturierung des bestehenden Wissens erfolgen, wenn Lernen erzielt und ermöglicht werden soll. Lernen vollzieht sich demnach, wenn ein Gleichgewicht zwischen den bestehenden Interpretationsmöglichkeiten von Wirklichkeit und den neu wahrgenommenen äußeren Realitäten gesucht wird und ist somit ein intrapersonaler Adaptationsprozeß an die Umwelt. Auf dieser Grundlage muß von einer veränderbaren kognitiven Struktur ausgegangen werden, mit deren Hilfe die Welt nicht rezeptiv und passiv abgebildet, sondern aktiv konstruiert wird. Mir kam es besonders darauf an, daß lernend neue Schemata gebildet werden, die es dem Einzelnen ermöglichen, sein Suchtverhalten spiegeln zu lernen.

Dem steht oder stellt sich hindernd entgegen, daß zur Suchtproblematik viele Mythen und Dogmen kursieren, die medienmäßig als überzeugend richtig vorgetragen werden und somit beim Laien extremen Wahrheitswert erreichen. Aus der Forschung ist bekannt, daß sog. Wahrheiten über menschliches Verhalten, bei dem sich der Laie immer als Experte sieht, nur im Brustton der Überzeugung vorgetragen werden müssen, um als richtig angesehen zu werden. Wird z.B. nur oft genug wiederholt, daß Sucht vom Suchtmittel kommt, so ist der positive Transfer auf das tatsächliche Prinzip der Suchtdynamik äußerst schwierig. Somit verhindern einfache, klare, aber leider falsche Aussagen zum Suchtverhalten die Einsicht in eine mögliche eigene Problematik. Fazit: Die von Medien oder auch sog. Experten simplifizierten Aussagen zum Suchtverhalten sind für eine effektive Prävention kontraproduktiv. Reduziert man diese Statements zudem noch auf dem illegalen Bereich, ist ein Präventionseffekt gleich Null.

Wird jedoch das abstrakte Prinzip eines psychodynamischen Prozesses einem jungen Menschen klar, also hier die Annäherung an die Entstehung eines Suchtverhaltens, ist positiver Transfer auf die eigene Verhaltensweise leichter zu leisten. Demzufolge sollte dem jungen Menschen das intrapsychische Prinzip von Sucht erklärt werden.

Ich möchte Ihnen nun die drei wesentlichen Punkte dieses Ansatzes aufzeigen.

Um den Schülern den Persönlichkeitsbegriff nahezubringen, wurde von mir ein einfaches Modell entwickelt, das drei Dimensionen der Persönlichkeit aufzeigt.

Abbildung 3: Die Persönlichkeit des Menschen

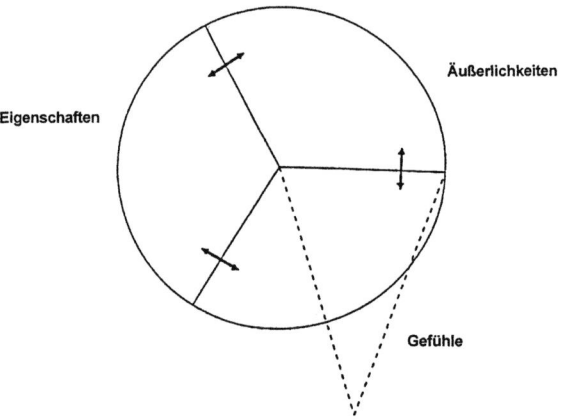

a)   Es wird didaktisch verdeutlicht, daß Ursachen und Entstehung von Sucht (fast) ausschließlich in der Emotionalität ihren Ursprung hat. Weder die Potenz eines Mittels noch die Äußerlichkeiten oder Eigenschaften eines Menschen sind Auslöser für pathologischen Suchtmittelgebrauch, sondern die Unfähigkeit, mit negativen emotionalen Situationen umgehen zu können. In der Emotionalität liegt die Initialzündung für eine Suchtkarriere. Auch dieses Modell ist nur Annäherung an das Konstrukt Persönlichkeit.

b) In einem weiteren Lernziel wird grafisch verdeutlicht, wie der Mensch immer wieder bemüht ist, seine gefühlsmäßige Situation in einem ausgeglichenen Zustand zu halten oder in einen balancierten Zustand zu bringen.

Abbildung 4: Balkenwaage

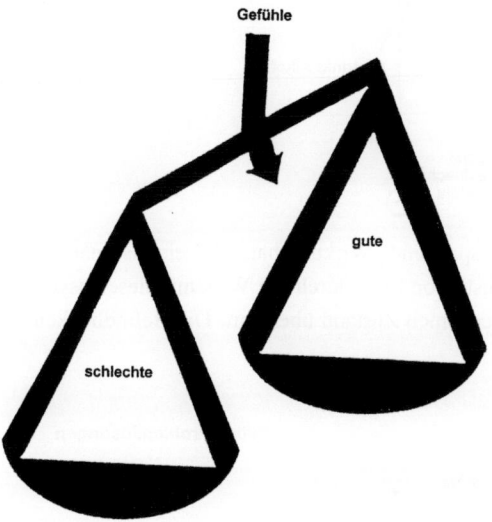

Jeder versucht, seine emotionale Situation auf einem mittleren Niveau zu stabilisieren, was natürlich auf Dauer nicht möglich ist. Der junge Mensch muß von Geburt an gelernt haben, mit negativen emotionalen Situationen umzugehen. Je umfangreicher die Ausstattung, die „Werkzeuge" zum adäquaten Problemlöseverhalten sind, desto besser ist der Schutz gegen die Suchtgefahren. Der richtige Umgang, die Erfahrung der Tiefe der eigenen Emotionalität und die Akzeptanz auch negativer Zustände, schützen vor einer emotionalen Versandung.

c) Demjenigen, der seinen eigenen belastenden Gefühlssituationen hilflos gegenübersteht, bietet sich aber in unserem Kulturkreis ein großes Spektrum künstlicher Gefühlsverbesserer.

Nehmen wir z.B. Alkohol

Abbildung 5:

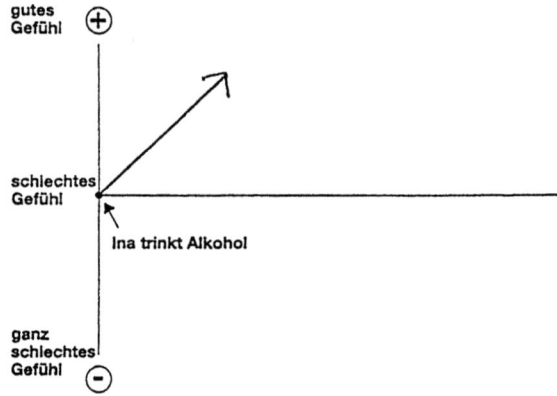

Billige Problemlösungen

Da Alkohol eine entspannende Wirkung hat, wird ein als unangenehm erlebter Zustand wie Wut, Streß, Frustration usw. durch die Wirkung dieses psychotropen Stoffes kurzfristig in einen angenehmen Zustand überführt. Die Befindlichkeit geht also tatsächlich nach oben.

Abbildung 6:

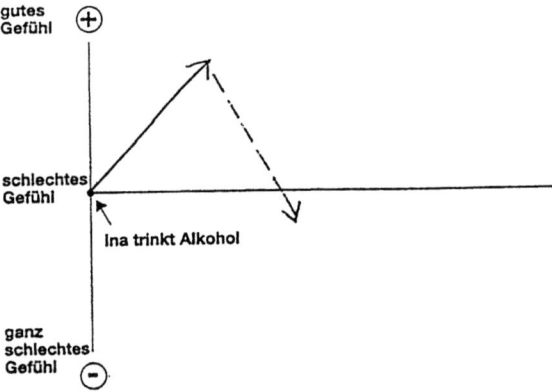

Billige Problemlösungen

Durch den physiologischen Abbau des psychotropen Stoffes wird dieser Effekt aufgehoben, so daß aufgrund dieses inadäquaten Problemlöseverhaltens die Emotionalität noch ein Stück tiefer sinkt.

Abbildung 7:   **Billige Problemlösungen**

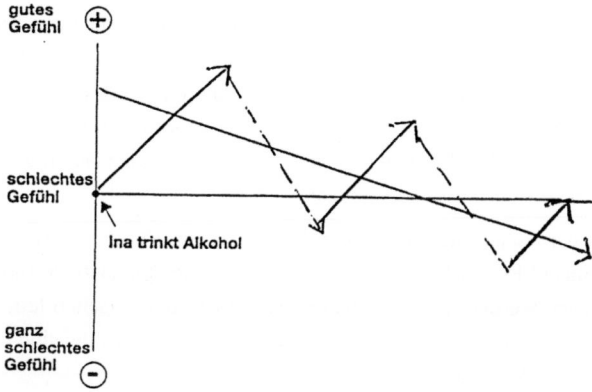

Wird auf diese Weise zehn-, hundert- oder tausendfach versucht, Emotionalität zu verändern, so kann es, bedingt durch einen Lernprozeß, zur Ausprägung eines pathologischen Suchtverhaltens kommen, wobei einerseits kurzfristig immer eine Gefühlsverbesserung eintritt, langfristig es aber zu Chronifizierungs- und Desintegrationsprozessen kommt.

Es erscheint wichtig, gerade diese Ambivalenz den Kindern und Jugendlichen zu erläutern, zu vermitteln, daß Sucht zwar eine Krankheitsform ist, die vor allem anfänglich durchaus positive Gefühle vermittelt. Man kann Sucht somit als angenehme Krankheit bezeichnen.

Hieraus erwächst auch eine der Schwierigkeiten einer effizienten therapeutischen Intervention. Der Betroffene entsorgt mit seinem Mittel nicht etwas per se Schädliches, sondern er gibt gleich einem Gehbehinderten eine Krücke aus der Hand, so daß dann seine Mobilität (hier die emotionale Steuerung) noch mehr verringert ist.

Offensichtlich spielen austauschtheoretische Faktoren bei Therapien eine gewichtige Rolle, eine Fragestellung die intensiver zukünftiger Forschungsarbeit bedarf.

Insgesamt werden in meinem Konzept zur Suchtvorbeugung 10 Lernziele erarbeitet, die dem Jugendlichen ein besseres Verständnis seiner eigenen Verhaltensweise und Gefühlswelt vermitteln sollen:

1. Süchtiges, bzw. suchendes Verhalten ist **auch** normaler Teil der menschlichen Persönlichkeit. Es empfiehlt sich, darauf hinzuweisen, daß der Mensch eben kein perfektes Wesen ist, sondern auch zu falschem oder krankmachendem Verhalten neigt. Da sich süchtiges Verhalten hauptsächlich im Gefühlsbereich abspielt, ist es mit dem

Kopf schwer zu fassen. Allein mit dem Verstand oder dem Willen kann man den Gefühlsbereich nur sehr schwer beeinflussen.

2. Der Mensch befindet sich immer in gespannten und entspannten Situationen. Spannungssituationen werden als unangenehm erlebt, und jeder versucht, die Waage wieder auszubalancieren, indem er sich gute Gefühle verschafft. So, wie unerfüllte Wünsche Spannung erzeugen, schafft die Erfüllung eines Wunsches dann Entspannung. Lernprozeß sollte auch hier sein, mit Spannungen adäquat umgehen zu können und sie auch stehenlassen zu können.

3. So, wie wir technische Probleme mit technischem Werkzeug mehr oder weniger gut oder schlecht lösen können, genauso können Problemsituationen im Gefühlsbereich angegangen werden. Dabei muß aber der junge Mensch schon lernen, wie er richtig mit Problemen im Gefühlsbereich umgehen kann. Suchtmittel sind hierzu ein äußerst gefährliches Werkzeug.

4. Suchtmittel stellen einen gefährlich bequemen und einfachen Weg zur Problemlösung dar. Diese Gefährlichkeit ergibt sich aus der Zweischneidigkeit des Suchtmittelkonsums. Dadurch, daß es kurzfristig tatsächlich zu gelingen scheint, seine Gefühle zu verbessern, kann ein Lernprozeß in Gang gesetzt werden, der dazu führt, daß jemand immer dann, wenn er unter Spannung steht, zu Suchtmitteln greift. Es sollte deutlich darauf hingewiesen werden, daß Suchtmittelgebrauch dann besonders gefährlich ist, wenn man sich dabei kurzfristig besser fühlt.

5. Zum richtigen Problemlösen braucht man eine über viele Jahre hinweg erworbene „Ausstattung". Zur Lösung von Problemsituationen im Gefühlsbereich braucht man einen Plan, Material und entsprechendes Werkzeug. Wer sich dieses „Werkzeug" nicht aneignen konnte, verfällt leicht dem „einfachen, gefährlichen Weg". Es werden dann Super-Universal-Werkzeuge angeboten, die scheinbar kurzfristig alle Problemsituationen zu lösen imstande sind.

6. Spannungen, Ängste und Probleme können schon in frühester Kindheit auftreten. Wer die ersten 12 bis 14 Lebensjahre in einer gefühlsmäßigen Hungersituation zubringt (was äußerlich nicht erkennbar ist), für den bietet es sich geradezu an, sein Befinden später dann immer wieder mit Suchtmitteln zu regulieren. Die Einnahme von Suchtmitteln ist somit nicht der Beginn, sondern der Endpunkt einer lange vorher abgelaufenen Fehlentwicklung. Suchtmittelmißbrauch kann als Versuch einer Selbsthilfe mit untauglichen Mitteln gedeutet werden.

7. Entscheidend für den Beginn einer Suchtkarriere sind Zeitpunkt und Zweck der ersten Suchtmitteleinnahme. Wer zwischen dem 12. und 16. Lebensjahr diese Mittel einsetzt, um seine Gefühle zu verbessern, der läuft Gefahr, daß Suchtmittelgebrauch

Teil seiner Persönlichkeitsstruktur wird. Das bedeutet, daß dieser junge Mensch größte Schwierigkeiten haben wird, ohne Suchtmittel zu leben. Einfach ausgedrückt: „Je früher desto gefährlicher".

8. Richtiges Problemlösen lernt der junge Mensch zuerst im Elternhaus. Das Vorbild der Eltern ist prägend für die Persönlichkeit des Kindes. Stärken und Schwächen der Eltern werden später zu Stärken und Schwächen der Kinder. Eine gute Erziehung ist möglich durch eine gute und intensive Beziehung.

9. Jeder ist heute einem starken Einfluß der Massenmedien ausgesetzt. Nachrichten, Informationen, Unterhaltung und Werbung beeinflussen das Meinungsbild des Menschen. Insbesondere die Werbung versucht, mit psychologisch ausgeklügelten Methoden die Menschen zu Kauf und Konsum anzuregen. Sie verspricht, ähnlich der Wirkung eines Suchtmittels: „Nimm mich, und es geht Dir gut".

10. Die Gefühlssituationen der Menschen sind einem dauernden Auf und Ab unterworfen. Glück, Zufriedenheit und Ausgeglichenheit sind genauso zeitlich begrenzte gefühlsmäßige Zustände wie Unglücklichsein, Spannungen und Langeweile. Diesen Wechsel zu akzeptieren und auszuhalten, sollte Lernziel des jungen Menschen sein. Wer andauernd negative Zustände mit Suchtmitteln in positive zu schieben trachtet, der kann echte Glücksgefühle gar nicht mehr erfahren. Mit anderen Worten, wer immer glücklich sein will, ist meistens unglücklich.

Schlußbemerkung:

Suchtverhalten in individuell unterschiedlicher Ausprägung war und ist immer Bestandteil menschlichen Verhaltensrepertoires. Ambivalente bis extrem widersprüchliche Sozialnormen lassen das Suchtverhalten in diffusem Licht erscheinen. Konträr stehen sich gegenüber Akzeptanz und Verteufelung einer psychoaktiven Substanz, Konsumzwang und Sanktion der daraus resultierenden Auffälligkeit, permissive versus restriktive politische Haltung zur Problematik. Im Makrokosmos verschiedenster ethnischer und sozialer Einstellung zum Konsumverhalten spiegelt sich deutlich die Ambivalenz, die für den Gebrauch psychoaktiver Substanzen so typisch ist. So wie kurzfristig mit Stoffen Befindlichkeitsverbesserungen erreicht werden können, sind langfristig desintegrierte Prozesse nicht zu vermeiden. Auch die Tatsache, daß Suchtverhalten eng mit der Emotionalität eines Menschen verbunden ist, erleichtert keineswegs adäquates präventives Vorgehen. Nach derzeitigem Kenntnisstand bieten Lebenskompetenzprogramme, die in der Persönlichkeit eines Menschen und hier in der Emotionalität ansetzen, die besten Voraussetzungen, um positive präventive Effekte zu erzielen.

Ich möchte zum Schluß nochmals betonen, daß dies kein Königsweg der schulischen

Prävention ist, aber, wie HURRELMANN in seinem Vorwort schreibt, Wissensverbesserung bei den Jugendlichen und einige Verstärkungen von kritischen Einstellungen gegenüber dem Suchtmittelmißbrauch bringt.

Literaturverzeichnis

Franz, H.J. (Hrsg.): Sucht und Drogen – Abhängigkeit, Mißbrauch, Prävention. Pädagogische Hochschule Weingarten, 1996.

Franz, H.J. (Hrsg.): Jugend – Gesundheit – Drogen. Felder für Prävention und Intervention. Pädagogische Hochschule Weingarten, 1997.

Lumpp, R.: Arbeitsblätter Suchtvorbeugung. Stuttgart 1993.

Schmidbauer, W./vom Scheidt, J.: Handbuch der Rauschdrogen. Frankfurt 1991.

Schwilk, M.: Drogenpolitik in der Krise. Konstanz 1996.

Stolleis, M., in: Rausch und Realität 1. Stuttgart 1996.

Heinz-Jörgen Franz

Ist Suchtprävention im Raum der Schule möglich?

1. Einleitung

Das als Frage formulierte Thema hat seine Berechtigung. Schule muß sich heute ja mit den verschiedensten Erwartungen, die von der Gesellschaft an sie herangetragen werden, auseinandersetzen. In immer kürzeren Zeiträumen wird sie mit neuen Aufgaben konfrontiert, die offensichtlich von keiner anderen Instanz erfüllt werden können. Medienerziehung, Informatik oder Ökologie sollen als Beispiele hierfür genannt werden.

Seit einigen Jahren muß sich unsere Gesellschaft mit dem Sucht- und Drogenproblem auseinandersetzen, das auch viele junge Menschen betrifft und somit große Bedeutung für die Zukunft von uns allen hat. Gerade in jüngster Zeit rückt die Forderung wieder in das öffentliche Bewußtsein, daß Vorbeugung gegen Sucht- und Drogenabhängigkeit einen größeren Stellenwert als bisher einnehmen muß.

„Endlich bewegt sich was", so überschrieb der SPIEGEL schon im Jahre 1991 die Titelgeschichte über die „Rettung der Kinder vor den Süchten". „Alarmiert entwickelten Pädagogen" - so heißt es weiter - „Strategien zur Vorbeugung" (vgl. SPIEGEL 21/ 1991).

Auch der Schule ist somit eine neue Aufgabe übertragen worden. Die Zuschreibung leuchtet ein, schließlich durchläuft nahezu jedes Mitglied unserer Gesellschaft die Schule. Auf der anderen Seite bleibt anzumerken, daß mit der gleichen Selbstverständlichkeit erwartet wird, Schule möge ebenfalls Aids-Prävention, Gewalt-, Rassismus-, Sexismusprävention oder anderes mehr übernehmen.

Häufig steht aber Schule - sowie die in ihr tätigen Lehrkräfte - solchen Entwicklungen im wörtlichen Sinne „hilf-los" gegenüber. Es gibt oft keine andere Wahl als zu reagieren, ohne daß genügend Zeit zur Vorbereitung auf die neue Aufgabe bleibt.

Daß ein solcher Zustand bei vielen Lehrkräften keine positiven Gefühle auslöst, verwundert nicht. Oft macht sich neben dem Gefühl der Hilflosigkeit noch der Gedanke breit, als Lehrer müsse man Lückenbüßer für alles und jedes sein, weil an anderer Stelle der Gesellschaft die Probleme nicht mit genügend Nachdruck angegangen werden.

In den nachfolgenden Überlegungen soll kurz der Auftrag von Schule in Bezug auf Suchtprävention geklärt werden. Es soll aber schon an dieser Stelle mit Nachdruck darauf hingewiesen werden, daß Schule diese Aufgabe wie auch verwandte Aufgaben, etwa Gewaltprävention, nur in begrenztem Maße erfüllen kann. Es darf nicht verschwiegen werden, daß die Gesellschaft als Ganzes in Pflicht genommen werden muß. Sie muß Maßnahmen ergreifen, die in allen Lebensbereichen präventive Wirksamkeit entfalten.

Ohne Frage finden die massiven gesellschaftlichen Veränderungen und Verunsicherungen der letzten Jahre in der Schule einen deutlichen Niederschlag. Schule kann sich einer dauernden Auseinandersetzung mit Problemen der heutigen Zeit nicht entziehen. Sie ist immer mit involviert. Gerade an den schwächsten Gliedern unserer Gesellschaft, das sind in unserem Beispiel Kinder und junge Menschen, kommen die kranken Symptome unserer Epoche, die in der Ideologie des „Immer-mehr-und-immer-schneller-Wachsens" an Grenzen zu stoßen beginnt, am stärksten zum Vorschein. Kinder werden so zu Symptomträgern einer umfassenden Problematik.

In einer neueren Studie zum Thema „Jugend und Gesundheit" findet sich folgende erhellende Formulierung: „Kinder und Jugendliche sind gesundheitliche 'Seismographen': Sie spiegeln in ihrer Befindlichkeit die sozialen, ökonomischen, ökologischen, kulturellen und politischen Befindlichkeiten der ganzen Gesellschaft wider. Sie zeigen uns spontan und unverstellt, wie ihre Lebenswelt und ihre Umwelt auf sie wirken und wo sie diese Umwelt herausfordert und überfordert" (vgl. KOLIP/ HURRELMANN/ SCHNABEL 1995, S. 16).

Die Frage, ob Schule für diese oder jene Defizite, die an anderer Stelle verursacht worden sind, nun auch noch Zuständigkeit übernehmen müsse, kann nur mit Ja beantwortet werden. In dieser Sichtweise gibt es keine andere Alternative. Dennoch scheint die Frage so nicht richtig gestellt. Es ist wohl nicht von so entscheidender Bedeutung, ob Schule diese oder jene Aufgabe noch übernehmen soll, sondern vielmehr wie sie diese oder jene Aufgabe erfüllen kann, und von wem sie dabei unterstützt wird, werden muß. Ihr allein das Beheben aller Defizite, die aus gesellschaftlichen Verwerfungen resultieren, aufzubürden, stellt letztlich Schule sowie die in ihr tätigen Lehrkräfte vor eine Überforderung.

In den folgenden Überlegungen soll aufgezeigt werden, wie Schule innerhalb ihres immer noch gültigen Auftrages, Menschen zu bilden und auf das Leben vorzubereiten, der Aufgabe, Suchtprävention zu betreiben, gerecht werden kann und welche Möglichkeiten sie hat, präventiv zu wirken. Methodisch soll dabei so vorgegangen werden, daß das Thema „Möglichkeiten von Suchtprävention im Raum der Schule" quasi konzentrisch eingeengt wird.

2. Sucht: Anmerkungen zum Ursachengeflecht

Sich mit dem Thema Suchtprävention auseinanderzusetzen heißt zunächst, jene Faktoren herauszuarbeiten, die für die Entstehung einer Sucht oder für eine Suchtgefährdung von Bedeutung sein können.

Heute herrscht allgemeiner wissenschaftlicher Konsens darüber, daß Sucht/Abhängigkeit immer verschiedene Ursachen bzw. Entstehungsbedingungen hat, die zusammenkommen müssen, damit sie sich im Verlauf eines langjährigen biographischen Prozesses entwickeln kann. Diese möglichen Bedingungen, die Sucht begünstigen, können in folgende drei Gruppen eingeteilt werden:

- Zum einen in Faktoren, die der Droge bzw. dem Suchtmittel zuzuordnen sind.
- Zweitens in Faktoren, die das Individuum betreffen.
- Drittens sind es Faktoren des sozialen Umfelds, in dem sich ein Mensch mit seiner individuellen Persönlichkeit entwickelt und in dem er lebt.

Im nachfolgenden Schaubild sind die drei Hauptfaktoren grafisch dargestellt.

Abbildung 1:

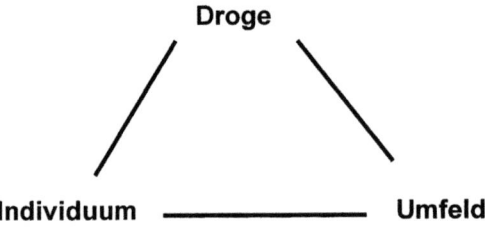

In dem Beitrag von ROTHENBACHER wird zu den einzelnen Feldern ausführlich Stellung genommen, so daß an dieser Stelle noch auf wenige ergänzende Punkte eingegangen werden soll.

- Zu den Ausführungen, die den Faktor **Individuum/Persönlichkeit** betreffen, sind folgende Überlegungen anzumerken:

  Es lassen sich, was das Individuum anlangt, bestimmte Persönlichkeitsmerkmale finden, die einer Suchtentwicklung deutlich Vorschub leisten. Anders formuliert: Die Ursachen für die Entstehung einer Sucht sind hauptsächlich in der Persönlich-

102

keit des Menschen zu suchen. In letzter Konsequenz ist er es, der ein Suchtmittel mißbraucht. Im Hinblick auf den Ausstieg aus einer Suchtkrankheit muß er z.B. aufhören zu trinken oder zu konsumieren. Dies gilt ungeachtet aller anderen Faktoren, die mitunter weiter bestehen bleiben (z.B. familiäres Umfeld, berufliche Situation, Verfügbarkeit der Droge). Alle weiteren Einflußgrößen, die etwa unter „Soziales Umfeld" subsumiert werden, können, abgesehen von dem familiären Umfeld, nicht in einem klassischen Ursache-Wirkungs-Verhältnis verstanden werden. Sie sind für die Entstehung einer Sucht freilich begünstigende oder auch fördernde Einflußfaktoren. Es bedarf jedoch der individuellen Voraussetzung, damit sie wirksam werden können.

Wenn auch nach vorliegenden Forschungsergebnissen nicht von einer „Suchtperson" gesprochen werden kann, so haben SOLMS/STEINBRECHER (1975, S. I/12) doch bestimmte Persönlichkeitsanomalien oder süchtige Fehlhaltungen charakterisiert, die das Problem des Einflusses der Persönlichkeitsstruktur bei der Suchtentwicklung sehr genau treffen. Die Ergebnisse wurden klinisch und testpsychologisch herausgearbeitet. Es heißt dort: „(...) So fallen süchtige Persönlichkeiten insbesondere durch die Unfähigkeit auf, banale Spannungen zu verarbeiten, es fehlt an Frustrationstoleranz. Unter dem Begriff des verkürzten Spannungsbogens versteht man die für die süchtigen Persönlichkeiten typische Neigung, die Linderung von Unbehagen und den erstrebten Lustgewinn unverzüglich und vollständig zu realisieren. In diesem Nicht-warten-können liegt auch etwas Retardiertes, Unreifes."

Es ist nicht davon auszugehen, daß die o.a. süchtigen Fehlhaltungen erst durch den Suchtmittelkonsum entstanden sind. Vieles deutet darauf hin, daß sich diese Persönlichkeitsmerkmale schon sehr früh vor Beginn des eigentlichen Suchtmittelkonsums herausbildeten oder von vornherein existent waren. Sie werden durch den Suchtmittelkonsum dann verfestigt und weiter ausdifferenziert.

ROTHENBACHER (1995, S. 24ff.) spricht davon, daß sich die Persönlichkeit vieler Suchtkranker charakterisieren lassen durch Mangel an: **Selbstachtung**, **Selbstwertgefühl**, **Lebenskompetenz**, **sozialer Kompetenz**.

- Unter den Bereich **Soziales Umfeld** sind folgende Überlegungen zu subsumieren:

Die **Familie** ist in der Regel der Ort, in dem Kinder und Jugendliche zu einer starken Persönlichkeit heranreifen können und sollen. Eine Reihe von Faktoren können das innerfamiliäre Klima beeinflussen und entsprechend ihrer Ausprägung negative Auswirkungen auf die Persönlichkeitsentwicklung eines jungen Menschen haben. Die Zusammenhänge zwischen dem frühkindlichen Milieu, der Familiensituation und einer möglichen Disposition zum Suchtmittelgebrauch sind schon früh Gegenstand der Suchtforschung geworden (vgl. Kielholz/Ladewig 1972, S. 26).

Galt zunächst die „Broken-home-Situation" als spezifische Situation, die eine Disposition zur Suchtmittelabhängigkeit fördere, so hat sich heute die Erkenntnis
durchgesetzt, daß weniger die allgemeine Familienstruktur von Bedeutung ist als
vielmehr das, was sich innerhalb dieser Struktur an Beziehungen abspielt. Ebenso
von Bedeutung für die Genese einer Abhängigkeit sind der elterliche Erziehungsstil
sowie die Vorbildfunktion der Eltern bezüglich der Trinkgewohnheiten.

Mit zunehmendem Alter steigt die Bedeutung der **Gleichaltrigengruppe**. Die Peer-
Group hat prägenden, leitenden und verstärkenden Charakter auf das jugendliche
Konsumverhalten allgemein und im Besonderen im Hinblick auf Alkohol, Nikotin
und andere Suchtmittel. Der Peer-Group-Einfluß ist gut belegt, so daß an dieser
Stelle nicht weiter auf diesen Sachverhalt eingegangen werden soll (vgl. Franz
1991, S. 20).

Weiter haben auf die Entstehung einer Sucht entscheidenden Einfluß die Lebensbe-
reiche **Schule, Berufsausbildung** und **Arbeitswelt**. In diesem Zusammenhang stellt
sich die Frage, inwieweit es einem jungen Menschen gelingt, die Schule und eine
Berufsausbildung zu absolvieren und sich in die Arbeitswelt zu integrieren. Schule
und Berufsausbildung haben angesichts der Probleme auf dem Arbeitsmarkt als Instanzen zur Verteilung von Sozialchancen in den letzten Jahren erheblich an Bedeutung gewonnen, subjektiv vermögen sie diesen Erwartungen kaum adäquat zu
entsprechen.

So verliert die Schule für viele Heranwachsende das anfangs vorhanden gewesene
lebhafte Interesse, da es ihr häufig nur noch um Leistungen und Bewertungen geht,
nicht aber um Fragen und Interessen, die Schüler bedrängen. Lebensalterabhängige
Bedürfnisse werden zu wenig berücksichtigt. Zudem verstärken Großsysteme die
Anonymität, was zu Aggressionen im Schulalltag und gegenüber der Einrichtung
führen kann.

In zahlreichen Untersuchungen wird darauf verwiesen, daß das Schul- und Lernklima einen entscheidenden Einfluß auf die schulische Befindlichkeit von Kindern und
jungen Menschen hat. Überhöhte Leistungsansprüche können nicht nur zu psychosomatischen Störungen führen, sondern auch vermehrtem Suchtmittelgebrauch oder
-mißbrauch Vorschub leisten.

In der folgenden Tabelle sind Merkmale schulischer Umwelten aufgeführt, die Suchtmittelkonsum auslösen bzw. verstärken können:

Abbildung 2:

Schulische Umwelten, die Suchtmittelkonsum auslösen bzw. verstärken können:

- **wenig vertrauensvoll-unterstützendes Schulklima**
- **hohe Schulangst-Werte**
- **wenig anregende Lernumwelt**
- **wenig schülerzentrierter Unterricht**

Anzumerken ist in diesem Zusammenhang, daß, wenn man unterstellt, die oben genannten Faktoren können Suchtmittelkonsum auslösen, dies freilich nicht zwingend Folge sein muß. Hier ist vielmehr die Frage von Bedeutung, wie junge Menschen mit solchen ohne Zweifel belastenden Situationen umgehen. Dem Bewältigungsverhalten eines Menschen kommt meiner Meinung nach Priorität vor der jeweiligen Problemsituation zu.

Im folgenden sollen kurz einige Anmerkungen zu einer weiteren Einflußgröße, nämlich zur Bedeutung und zum Stellenwert von **Werbung** gemacht werden.

Daß Werbung einen Einfluß auf das Konsumverhalten von Kindern und Jugendlichen hat, ist mittlerweile unumstritten, obwohl von der Werbewirtschaft dieser Sachverhalt immer wieder dementiert wird (vgl. HÜLLINGHORST 1994, S. 21).

Im Jahre 1992 kam eine im Auftrag des Bundesministeriums für Gesundheit durchgeführte Pilotstudie über die „Auswirkungen der Tabakwerbung und der Zigarettenautomaten auf das Konsumverhalten insbesondere von Kindern und Jugendlichen" zu folgender eindeutigen Aussage: „Die These, daß Tabakwerbung keine Wirkungen auf Kinder und Jugendliche hat, weil sie nicht explizit an sie gerichtet ist, kann als empirisch widerlegt gelten" (zitiert nach HÜLLINGHORST 1994, S. 20).

Auch die Literaturstudie des Bremer Instituts für Präventionsforschung und Sozialmedizin (BIPS) kommt zur selben Folgerung. In der Zusammenfassung der Ergebnisse heißt es: „Die Evidenz des Zusammenhangs zwischen jugendlichem Rauchen und Tabakwerbung ist in der Literatur deutlich belegt, wenn auch die Forderung nach monokausaler Beweisführung nicht erfüllt werden kann" (zitiert nach HÜLLINGHORST 1994). Soweit einige Belege zu einem immer wieder diskutierten Thema.

Eine Analyse der Werbebotschaften z.B. für Alkohol erbrachte überdies den Befund, daß in der Hauptsache junge Menschen angesprochen werden. Ihnen wird suggeriert, daß durch wenig Anstrengung ein unbeschwertes Leben mit vielen Freunden, viel Sex, wenig Arbeit und allezeit gutem Wetter zu führen sei. Gerade jene Merkmale, die suchtmittelabhängige Menschen als Persönlichkeitsdefizite oder süchtige Fehlverhalten aufweisen, werden in diesen Botschaften in aller Öffentlichkeit als erstrebenswert dargestellt: das träumerische Wunschdenken, durch so wenig Anstrengung und Einsatz wie möglich ein Höchstmaß an Selbstsicherheit, Zufriedenheit und gesellschaftlicher Integration zu erreichen.

Soweit einige Überlegungen zu den Entstehungsbedingungen von Sucht und Drogenabhängigkeit. ROTHENBACHER unterscheidet dabei zwischen beeinflußbaren Faktoren und solchen, die wenig oder nicht beeinflußbar sind. Werden aus diesen Einflußgrößen noch jene herausgefiltert, denen erstrangige Bedeutung bei einer Suchtentwicklung zukommt, muß sich die Betrachtung auf folgende Punkte konzentrieren:

- **Persönlichkeit**

- **Familie**

- **Peer-Group** und

- **Soziale Integration in Schule und Arbeitswelt.**

3. Intervention im Raum der Schule: Strategien und Optionen

Aus dem diskutierten Ursachenmodell ist deutlich geworden, daß mehrere Faktoren zur Suchtabhängigkeit führen können. Auch neuere Forschungsergebnisse vermögen die Gesamtheit der komplexen Vorgänge nicht vollständig zu erhellen. Eindeutige Aussagen darüber, welche Wege in die Abhängigkeit führen, sind nicht möglich.

Andererseits haben die vorigen Überlegungen sichtbar gemacht, wo Ansatzpunkte für präventive Intervention liegen und welche Optionen sich erschließen können.

Was heißt das konkret für Präventionsmöglichkeiten im Raum der Schule? Was den Faktor Suchtmittel anlangt, so kann diese Frage noch einfach beantwortet werden.

Die am weitesten verbreitete und historisch gesehen älteste präventive Strategie ist die Informationsvermittlung. Das ist nichts Neues für die Schule, denn Wissensvermittlung ist das Alltagsgeschäft der Schule.

Es sind in diesem Zusammenhang höchstens Fragen zu beachten wie: Von welchem Alter an machen Informationen Sinn? Soll schon in der Grundschule oder erst in der Sekundarstufe informiert werden? Ebenso taucht die Frage auf, wie informiert werden soll. Soll die Information ausführlich, abschreckend oder verharmlosend sein? Zudem ist zu überlegen, wer die Information geben soll. Soll man neben Lehrern auch entsprechende Fachleute einbeziehen? All diese Fragen können mehr oder weniger eindeutig beantwortet werden. Brauchbares Material für sachkundige Information ist vorhanden.

Information und Aufklärung über Wirkung und Schädlichkeit von Suchtmitteln ist sicherlich Teil jeder suchtpräventiven Arbeit. Doch kann Information über Suchtmittel, oft wird auch nur über Drogen informiert, die Bezeichnung „Suchtprävention" in Anspruch nehmen? Stellt das Wissen über die Gefährlichkeit einer Droge einen Schutz vor dem Gebrauch dar?

Dies ist mit Sicherheit nicht der Fall, denn sonst gäbe es z.B. in unserer Gesellschaft kaum mehr Menschen, die rauchen. Das Wissen darüber, daß Rauchen überaus gesundheitsschädigend ist, die Lebenserwartung um mehrere Jahre senken kann und den Tod von Tausenden von Menschen pro Jahr verursacht, ist weit verbreitet. Dies trifft auch zu, was Medikamenten- und Alkoholmißbrauch anlangt.

Warum – so muß gefragt werden – soll die Strategie der Informationsvermittlung, die bei Erwachsenen ihre Wirkung ganz offensichtlich verfehlt, gerade bei Kindern und Jugendlichen Erfolg zeigen? Zudem müssen Kinder und Jugendliche oft genug die Feststellung machen, daß Erwachsene Abstinenz als erstrebenswertes Ziel propagieren, ihrerseits sich jedoch nicht an diese Forderung halten. Solche Ungereimtheiten bleiben jungen Menschen nicht verborgen und können dazu beitragen, ihren Widerstand zu entfachen und die Neugier besonders bei Jugendlichen zu erwecken.

Wissen über die Gefahren und Wirkungsweisen von Suchtmitteln kann, so ist zu resümieren, nicht die erhoffte Verhaltensänderung erzielen, obwohl es nicht völlig überflüssig ist. Anders ausgedrückt: Die Annahme, daß ein verbessertes Wissen über psychoaktive Substanzen, deren Konsum, Wirkung und gesundheitliche Konsequenzen dazu beiträgt, auf die Substanz bezogene Einstellungen und Verhaltensweisen zu verändern, erweist sich als trügerisch.

Die vorigen Überlegungen zur Frage, welchen beeinflußbaren und erstrangigen Faktoren entscheidende Bedeutung bei einer Suchtentwicklung zukommen, verdeutlichen, warum dem so ist. Es sind wesentlich andere Einflußgrößen, die an einer Suchtentstehung beteiligt sind. Schule darf sich folglich nicht nur dem Bereich der Suchtmittel zuwenden, sondern sie muß sich auch mit den anderen Einflußfaktoren wie der Persönlichkeit des Schülers oder seiner sozialen Integration in die Institution Schule beschäftigen. Eine Auseinandersetzung mit diesen Wirkkräften verweist aber auch auf Ursachen weiterer gesellschaftlicher Probleme der heutigen Zeit. Es darf nicht vergessen werden, daß Sucht eben nur eine Form ist, auf persönliche und gesellschaftliche Mißstände zu reagieren. Gewalt, Kriminalität und Selbstmord z.B. sind weitere.

Wenn Schule Persönlichkeitsbildung aktiv betreibt und versucht, die aktuelle Lebenssituation ihres Klientels zu verbessern, handelt sie nicht nur unter dem Aspekt der Suchtprävention. Es zeigt sich dann ebenso Wirkung in Bezug auf die Gewaltprävention. Dieser Aspekt sollte zusätzliche Motivation sein, sich mit Möglichkeiten der Förderung der Persönlichkeit in der Schule oder einer Verbesserung der schulischen Umwelt zu beschäftigen.

3.1 Förderung der Persönlichkeit

Wenden wir uns nun dem Faktor Persönlichkeit/Individuum zu und fragen danach, welche Fähigkeiten und Eigenschaften gefördert werden müssen.

Um möglichst suchtfrei leben zu können, ist eine konfliktfähige Persönlichkeit notwendig, die über entsprechende Ressourcen verfügt und die die erforderliche Stabilität besitzt, um das Leben mit all seinen Höhen und Tiefen zu bewältigen. Wurden im vorigen Abschnitt Persönlichkeitseigenschaften herausgestellt, die für eine Suchtgefährdung anfällig machen, so können wir nun fragen, welche lebensbejahenden Faktoren gefördert werden müssen. Hier sind u.a. zu nennen ein positives Selbstwertgefühl, Selbstsicherheit und Selbstvertrauen, kurz solche Eigenschaften, die Eigeninitiative und Entscheidungsfähigkeit ermöglichen.

Erwünscht ist ein Verhalten, das sich durch soziale Kompetenz auszeichnet, das Toleranz, Akzeptanz und Verantwortungsgefühl beinhaltet und das durch Konflikt- und Kommunikationsfähigkeit gekennzeichnet ist. Erstrebenswert ist letztlich eine Persönlichkeit mit lebensbejahender Einstellung.

Es soll an dieser Stelle nicht das Bild des idealen Menschen gezeichnet werden. Einem Ideal kann man in der Erziehung eh nie ganz gerecht werden. Man kann allenfalls danach streben.

Nur muß mit aller Deutlichkeit darauf aufmerksam gemacht werden:

Jene Kompetenzen und Ressourcen, die zur Meisterung des Lebens erforderlich sind, können und müssen entwickelt werden. Sie können vermittelt werden, und es muß auch die Möglichkeit eingeräumt werden, sie einzuüben und anzuwenden.

Die heutige sehr schwierige Zeit macht es erforderlich, daß Kinder und junge Menschen viel Unterstützung von Erwachsenen erhalten.

Man kann an dieser Stelle nun wieder fragen, ob diese Aufgabe vorrangig der Schule zukommt oder ob nicht eher die Familie gefordert ist. Gemäß dem Auftrag der Schule fällt ein Teil dieser Aufgabe in ihre Zuständigkeit. Schule trägt entscheidend zur Persönlichkeitsbildung bei. Der soziale Verband einer Klasse, die Beziehung zu Lehrern, die Atmosphäre und das Klima von Klassenzimmer und Schulhaus hinterlassen tiefe Spuren in der Lebensgeschichte fast eines jeden Menschen.

Sicher vollzieht sich soziales und emotionales Lernen auch in der Familie. Jedoch gilt: Die Bedingungen hierfür sind in den kleinen und störanfälligen Familiengemeinschaften alles andere als optimal. Gerade in den letzten Jahren hat sich die Institution Familie stark verändert. Da ein großer Teil von Kindern und Jugendlichen in kleinen Haushalts- und Familieneinheiten aufwachsen, haben die Chancen, Erfahrungen in diesem Kontext sozialen Lernens zu sammeln, abgenommen. Immer mehr Kinder leben auch nur mit einem Elternteil zusammen. Zudem bilden die meisten Familien tagsüber keine Lebensgemeinschaft mehr, die Zeit, die für gemeinsame Erfahrungen und Erlebnisse zur Verfügung steht, ist begrenzt.

Oft genug müssen Kinder die Erfahrung machen, daß Bedürfnisse nach Liebe, Zuwendung und Geborgenheit durch den Konsum von Gütern und anderen Mitteln befriedigt werden. Hier liegt wiederum die steigende Tendenz des Mißbrauchs aller möglichen Suchtstoffe mit begründet.

Wie bildet sich diese Situation in der Schule ab, welche Reaktionsmöglichkeiten stehen ihr zur Verfügung?

Das Unvermögen vieler Familien, soziale und emotionale Fähigkeiten, die für menschliche Entwicklung so notwendig sind, einzuüben und zu vermitteln, macht sich tagtäglich in der Schule bemerkbar und stellt Lehrkräfte vor ungeheure Probleme.

Häufig zeigen sich die angesprochenen Defizite im zwischenmenschlichen Bereich in Form von Disziplinschwierigkeiten oder Lern- und Leistungsverweigerungen. Solche problematischen Verhaltensweisen stellen Lehrkräfte vor große Herausforderungen, da die Schwierigkeiten in den Klassen zusätzlich verstärkt werden.

Auf diesem Hintergrund erlangt die Forderung, in der Schule verbesserte Möglichkeiten zu schaffen, um soziale Kompetenzen zu fördern und Selbstwertgefühl und Selbstkompetenz von Schülern zu stärken, ihr Gewicht nicht nur im Hinblick auf Suchtprävention. In zahlreichen Untersuchungen wird immer wieder darauf hingewiesen, daß junge Menschen mit einem positiven Selbstwertgefühl und mit Selbstverantwortung, die ihre persönlichen Stärken und Schwächen kennen und befriedigende schulische Leistungen aufweisen, eher vor Mißbrauch von Suchtmitteln geschützt sind als Jugendliche, die nur über ein geringes Selbstwertgefühl verfügen (vgl. HURRELMANN/HESSE 1991).

An welche konkreten Maßnahmen ist nun gedacht?

Unter Förderung sozialer Kompetenz lassen sich z.B. Einzelziele subsumieren wie:

- Verbesserung von Kontaktfähigkeit
- Probleme und Konflikte adäquat lösen können
- eigene Meinung und Interessen gegenüber anderen vertreten können
- dem Gruppendruck widerstehen können

Entwicklung von Selbstwertgefühl und Selbstkompetenz können wir z.B. in folgende Lernfelder und Themenbereiche einteilen:

- Förderung einer bewußten Wahrnehmung von sich und anderen
- seine eigenen Gefühle kennenlernen und für neue Erfahrungen offen sein
- Übernahme von Selbstverantwortung für das eigene Handeln

Diese Ziele können durch Interaktionsspiele und Rollenspiele alltäglicher Problemsituationen und durch einen intensiven Austausch, wie er in Selbsterfahrungsgruppen praktiziert wird, erreicht werden.

Zur Vermittlung von Lebenskompetenzen werden gerade in jüngster Zeit Programme und Curricula angeboten (vgl. KUTZA 1997). Voraussetzung ist freilich, daß die erforderliche Zeit im Schulunterricht eingeplant werden kann.

3.2. Förderung der schulischen Umwelt

Neben der Förderung von individuellen Fähigkeiten ist es auch denkbar, die sozialökologischen Lebensbedingungen zu verändern bzw. zu verbessern. Diese Strategie bezieht sich konkret auf die Gestaltung des Unterrichts als auch auf die schulische Umwelt. Es kommt darauf an, im schulischen Bereich sinnerfüllte und erlebnisintensive Aktivitäten zu fördern. Das Schul- und Lernklima hat – wie schon gezeigt wurde – einen entscheidenden Einfluß auf die seelische Befindlichkeit von Kindern und Jugendlichen. Überhöhte Leistungsansprüche können psychosomatische Störungen verursachen und Suchtverhalten verstärken.

Welche Maßnahmen können zur Verbesserung der schulischen Umwelt beitragen? Denkbar sind:

- Erlebnisqualitäten wie Freude und Lust in das Unterrichtsgeschehen einzubeziehen
- Freiräume für die direkte Begegnung von Lehrern und Schülern (z.B. Projektwochen) zu schaffen
- die Gestaltung einer lebendigen Schule (z.B. Eltern in außerunterrichtliche Angebote zu integrieren, die Schule verschönern usw.)

– Einbezug des Lebensumfeldes der Schüler in das Lernangebot, wie z.B. die sozialen Probleme im Stadtteil thematisieren oder die dort vorhandenen Angebotsstrukturen für eine sinnerfüllte Freizeitgestaltung nutzen.

Durch die Förderung von Persönlichkeit und schulischer Umwelt soll intendiert werden, daß junge Menschen in ihrem späteren Leben über Handlungskompetenzen, Lebens- und Erlebnisqualitäten verfügen, die den Ge- bzw. Mißbrauch von Suchtmitteln als Ersatz- oder Ausweichfunktion überflüssig und damit weniger wahrscheinlich machen.

3.3. Zusammenfassung

Suchtprävention oder auch Gewaltprävention in der Schule fängt, wie deutlich herausgestellt wurde, sowohl bei der Persönlichkeitsbildung der jungen Menschen als auch bei der Förderung lebensbejahender und der Gesundheit dienender Strukturen in der Institution Schule an.

Ihr Auftrag in bezug auf die Menschenbildung kann sich heute nicht mehr nur auf Wissensvermittlung begrenzen.

Ein Schwerpunkt wird in Zukunft notwendigerweise auf dem Entwickeln, Lernen und Einüben sozialer und emotionaler Fähigkeiten und in der Behebung diesbezüglicher Defizite liegen. Es ist dringend erforderlich, die Lerninhalte zugunsten der Persönlichkeitsbildung auf das Wesentliche zu reduzieren. Mehr und mehr muß gezielt soziales Lernen in den Unterricht integriert werden.

Die Schule der Zukunft ist eine Schule, in der Lehrkräfte die Chance wahrnehmen können, für mehr Ganzheitlichkeit in der Entwicklung der Kinder Sorge zu tragen und sozialem und emotionalem Lernen den ihm gebührenden Stellenwert einzuräumen. Das Einlösen dieser Forderung setzt aber voraus, daß die Institution Schule solche Strukturen und Rahmenbedingungen bietet, in denen Lehrkräfte dieser Aufgabe auch gerecht werden können.

Literaturverzeichnis

Franz, H.J.: Sucht und Drogenvorbeugung im Jugendalter. In: Schäfer, B.: Sucht geht uns alle an. Suchtprophylaxe, Therapie und Politik-Ansätze für Baden-Württemberg, Karlsruhe 1991, S. 9-30.

Hüllinghorst, R.: Erst Werbung für Suchtmittel - dann Konsumreduzierung durch Prävention? In: Deutsche Hauptstelle gegen die Suchtgefahren (Hrsg.): Suchtprävention, Freiburg 1994, S. 11-25.

Hurrelmann, K./Hesse, S.: Drogenkonsum als problematische Form der Lebensbewältigung im Jugendalter. In: Sucht 37, 1991, S. 240-252.

Kielholz, P./Ladewig, D.: Die Drogenabhängigkeit des modernen Menschen. München 1972.

Kolip, P./Hurrelmann, K./Schnabel, P.-E.: Gesundheitliche Lage und Präventionsfelder im Kinder- und Jugendalter. In: Kolip/Hurrelmann/Schnabel (Hrsg.): Jugend und Gesundheit, Weinheim-München 1995, S. 16.

Kutza, R.: Lebenskompetenzprogramme an Schulen zur Suchtprävention. In: Franz, H.J. (Hrsg.): Jugend - Gesundheit - Drogen. Felder für Prävention und Intervention. Weingarten 1997, S. 29-39.

Rothenbacher, H.: Sucht und Familie - Rollenverteilung und Kommunikationsstrukturen. In: Franz, H.J. (Hrsg.): Sucht und Drogen - Abhängigkeit, Mißbrauch, Prävention, Weingarten 1996, S. 13-36.

Solms, H./Steinbrecher, W.: Allgemeine Probleme um Mißbrauch und Abhängigkeit von Medikamenten, Drogen und Genußmitteln. In: Steinbrecher/Solms: Sucht und Mißbrauch, 1975, S. I/3-I/26.

Der Spiegel 21/1991 - Titelgeschichte: „Endlich bewegt sich was".

Winnewisser, E.: Suchtprävention in der Schule – Neue lästige Pflicht für die Schule? In: Hamburgische Landesstelle gegen die Suchtgefahren e.V. (Hrsg.): Vom Nachbarn lernen – Suchtprävention in Hamburg und Zürich, Hamburg 1996.

Ralph Kutza

Lebenskompetenzprogramme zur Suchtprävention an Schulen

1. Einleitung

Grundlage des Vortrags ist eine vom IFT durchgeführte Interventionsstudie bei Schülern/-innen zur Prävention des Substanzmißbrauchs auf der Grundlage des Lebenskompetenzkonzepts.

Zunächst soll aber eine nähere Erläuterung des Begriffs „Lebenskompetenzen" gegeben werden, die sich an der Weltgesundheitsorganisation (WHO, 1994) orientiert. Laut WHO zählen folgende Bereiche zu Lebenskompetenzen:

* Entscheidungen treffen

Entscheidungen sind im Leben unausweichlich und müssen oft selbst getroffen werden. Sie können dem Jugendlichen nicht immer von Eltern oder Freunden abgenommen werden. Auch ist zu gegenwärtigen, daß bei Entscheidungen meist nicht alle Personen in der Lebenswelt der betreffenden Person diese gut heißen.

* Probleme lösen

Problemlösen hängt mit Entscheidungen zusammen. Es ist wichtig, nicht überstürzt die erstbeste Idee zur Problemlösung in Angriff zu nehmen, denn oft fallen einem später noch bessere Lösungen ein. Erst sollten daher mehrere Ansätze gesammelt werden, die dann gegeneinander abzuwägen sind. Schließlich soll eine Lösungsstrategie ausgewählt, umgesetzt und in ihrer Wirkung reflektiert werden.

* Kreatives Denken

Kreatives Denken ist notwendig, um für die oben genannten Punkte Einfälle zu haben. Zudem erlaubt es einen flexiblen und erleichternden Umgang mit neuartigen oder unerwarteten Situationen des Alltagslebens.

* Kritisches Denken

Kritisches Denken ist z.B. wichtig, um Behauptungen gleichaltriger Freunde, der Werbung oder der Medien zu hinterfragen und nicht einfach naiv hinzunehmen.

- Kommunikationsfertigkeiten

Kommunikationsfertigkeiten sind wichtig, um sich adäquat verbal wie non-verbal ausdrücken zu können. Wichtig ist das Erlernen und Mitteilen von Gefühlen, Bedürfnissen und Meinungen.

- Beziehungsgestaltung

Beziehungsgestaltung erfordert das Erlernen nicht-aggressiver Umgangsformen mit anderen. Es ist auch wichtig, Komplimente machen und entgegennehmen zu können.

- Selbstbild

Selbstbild ist vielfältig zu verstehen. Man soll seine Fähigkeiten, Stärken und Schwächen kennenlernen und sich in jedem Fall als wertvoll erleben.

- Einfühlungsvermögen

Einfühlungsvermögen oder Empathie impliziert die Fähigkeit zu Perspektivenwechseln. Sie hilft bei der Entwicklung von Toleranz anderen gegenüber und fördert die Rücksichtnahme auf Schwächere.

- Umgang mit Gefühlen

Angemessener Umgang mit Gefühlen impliziert die Fähigkeit, bei sich und anderen Gefühlszustände zu erkennen sowie um ihren Einfluß auf das Verhalten zu wissen. Besonders wichtig ist der angemessene Umgang mit Angst.

- Umgang mit Streß

Angemessener Umgang mit Streß impliziert die Fähigkeit, Streßquellen zu erkennen sowie Streß ohne Einnahme psychoaktiver Substanzen zu bewältigen.

Diese Lebenskompetenzen sollen als Schutzfaktoren wirken und einen späteren Mißbrauch psychoaktiver Substanzen verhindern.

Frühere kausale Erklärungsansätze von Sucht wie z.B. psychiatrisch-medizinische Konzepte waren oft zu deterministisch, d.h. ihnen gemäß sollte sich bei Vorliegen hinreichend ungünstiger Randbedingungen notwendigerweise Suchtverhalten entwickeln. Solche deterministischen Vorstellungen werden aber z.B. durch Jugendliche mit hoher sog. „resiliency" (Widerstandsfähigkeit) entkräftet, da diese selbst bei extrem ungünstigen Bedingungen wie zerrüttetem Elternhaus und drogenkonsumierenden Freunden selbst eine gesunde psychosoziale Entwicklung ohne Drogenkarriere durchlaufen.

Die im Anschluß entwickelten Risikofaktorenmodelle waren probabilistisch, d.h. das Vorliegen ungünstiger Randbedingungen erhöhte zwar die Wahrscheinlichkeit, daß die Betroffenen Suchtverhalten entwickeln, aber dies war nicht notwendigerweise und unausweichlich. Der Schutzfaktorenansatz ist ebenfalls probabilistisch und wird gegenwärtig bevorzugt in der Suchtprävention verwendet, da es z.B. meist viel leichter ist, erwünschtes Verhalten und Lebenskompetenzen neu aufzubauen, als unerwünschte Verhaltensweisen oder Risikofaktoren zu beseitigen.

Präventionsmaßnahmen auf der Grundlage des Lebenskompetenzansatzes stellen momentan die von der Forschung zur Suchtprävention präferierte Methode dar (vgl. BOTVIN, 1986).

2. Klassifikation verschiedener Präventionsansätze

Im folgenden sei eine Klassifikation von Präventionsmaßnahmen vorgestellt (siehe auch BRUVOLD, 1993; KRÖGER & HANEWINKEL, 1996).

- Die ersten Präventionskonzepte ab den 60er Jahren basierten auf reiner **Informationsvermittlung**. Hier wurden sachliche Informationen über Wirkungen und Konsequenzen psychoaktiver Substanzen gegeben, oft wurden abschreckende Langzeiteffekte gezeigt. Solche Programme basierten theoretisch hauptsächlich auf der Theorie des überlegten Handelns nach FISHBEIN & AJZEN, wonach erstens Einstellungen gegenüber einem bestimmten Verhalten und zweitens subjektive Normvorstellungen die Absicht zur Verhaltensausübung und damit die tatsächliche Umsetzung bedingen. Die Forschung zeigte jedoch bestenfalls die Nutzlosigkeit solcher rein informationsgestützter Maßnahmen auf, oft kam es sogar zu einem Bumerangeffekt, also einer Zunahme des Substanzkonsums (vgl. TOBLER, 1986).

- Ein weiterer Präventionsansatz basiert auf der **Affektiven Erziehung,** bei der personeninterne Defizite als Ursache des Substanzmißbrauchs gesehen werden. Sie sollen daher beseitigt werden, und Selbstbewußtsein und das Selbstwertgefühl sollen erhöht werden. Übungen zur Entscheidungsfindung und Problemlösestrategien gehören in diese Kategorie, aber auch die Bewußtmachung und Setzung von Werten. In der Forschung zeigten sich aber nur geringe nachweisbare präventive Effekte auf der Verhaltensebene.

- Ein dritter Präventionsansatz liegt in der Vermittlung **alternativer Erlebnisformen.** Diesem Ansatz liegt das Modell des Problemverhaltens von JESSOR U. JESSOR zugrunde. Substanzkonsum muß in seiner funktionalen Dimension für den Jugendlichen wahrgenommen werden. Jugendliche wollen sich durch den Konsum oft Anerkennung von und Zugehörigkeit zu anderen Jugendlichen verschaffen, Protest gegen die nicht akzeptierte Gesellschaft kann so demonstriert werden, oder es soll das Gefühl des nahenden Erwachsenenstatus induziert werden. Durch soziales und politisches Engagement in Schule, Freizeit oder Gemeinde will dieser Ansatz Entfremdung und Langeweile reduzieren und alternative Möglichkeiten zur

Erreichung subjektiv relevanter Ziele vermitteln. Es gibt Hinweise dafür, daß solche Programme bei Hochrisikokindern effektiv sein können (TOBLER, 1986).

- Ein weiteres Konzept basiert auf **Standfestigkeitstrainings**. Jugendliche sollen sozialen Druck zum Substanzkonsum erkennen und lernen, ihm zu widerstehen. Der Druck kann dabei z.b. durch gleichaltrige Freunde (peers) oder auch durch Medien und Werbung entstehen. Meist sind bei solchen Programmen auch Informationen über soziale und kurzfristige körperliche Auswirkungen des Substanzkonsums enthalten. Die soziale Lerntheorie nach BANDURA und hier insbesondere das Modellernen sind theoretische Grundlage dieses Ansatzes. Zum Einsatz kommen vielfach Rollenspiele.

- Den neuesten Ansatz stellen **Lebenskompetenzprogramme** dar. Inhaltlich ergeben sie sich als Kombination der Konzepte Affektive Erziehung und Standfestigkeitstraining (incl. Vermittlung von Informationen zu sozialen und kurzfristigen körperlichen Auswirkungen).

Die letzten beiden Ansätze erzielten bei Evaluationsstudien die besten Resultate, d.h. hier gab es tatsächlich Erfolge bei der Verhinderung oder zumindest Hinausschiebung eines Konsums von Zigaretten, Alkohol oder Cannabisprodukten (vgl. HANSEN 1992). Am überzeugendsten ist die Befundlage für den Nikotinkonsum.

3. Folgerungen aus der Forschung zur Primärprävention des Substanzmißbrauchs

Folgende Schlußfolgerungen lassen sich aus der aktuellen Forschung zur Primärprävention des Substanzmißbrauchs ziehen (vgl. KLEPP/HALPER/PERRY, 1986; TOBLER, 1986; BANGERT-DROWNS, 1988; KÜNZEL-BÖHMER/BÜHRINGER/JANIK-KONECNY, 1993; NORMAN/TURNER, 1993):

1. Das Programm sollte frühzeitig beginnen (möglichst vor Probierkonsum).

2. Es sollte langfristig, d.h. über mehrere Jahre hinweg, angelegt sein.

3. Wichtige Bestandteile eines Präventionsprogramms sollten sein:

   - Widerstehen gegen Beeinflussung (Einüben per Rollenspiel)

   - Normative Informationen (Jugendliche haben verzerrte Ansichten über die Anzahl Gleichaltriger wie Erwachsener, die psychoaktive Substanzen nehmen).

4. Der Einsatz von Schülermoderatoren wies oft bessere Erfolgsergebnisse auf.

5. Die das Programm durchführenden Personen (Mediatoren) sollten unbedingt zuvor geschult werden.

6. Die Güte der Implementation sollte möglichst hoch sein, dies betrifft:

- „Adherence" - Wurde das Programm in den Experimentalklassen durchgeführt und in den Kontrollklassen nicht?

- „Exposure" - Wieviel des Programms konnte tatsächlich durchgeführt werden?

- „Reinvention" - Wie sehr wichen die programmdurchführenden Lehrkräfte von der ursprünglichen Konzeption ab, indem sie Ziele und Methoden umdefinierten?

4. Inhalte des Life-Skills-Training (LST) von Botvin

Die bekannteste Grundlage heutiger Lebenskompetenzprogramme stellt das zu Beginn der 80er Jahre entwickelte US-amerikanische Life-Skills-Training (LST) von Botvin dar (vgl. BOTVIN ET AL., 1986, 1995). Es zählt zu denjenigen mit den positivsten Wirksamkeitsnachweisen in der internationalen Forschungsliteratur und beinhaltet fünf verschiedene Schwerpunktbereiche, die in 22 Sitzungen bearbeitet werden:

1. Wissen und Information (4 Sitzungen)

- Informationen über Zigarettenrauchen, Betonung der Prävalenzraten bei Jugendlichen bzw. Erwachsenen und der schwindenden sozialen Akzeptanz des Rauchens.

- Kurzfristige physiologische Wirkungen des Rauchens.

- Informationen zu Alkohol

2. Entscheidungen treffen (4 Sitzungen)

- Effektiv und eigenverantwortlich Entscheidungen treffen.

- Werbetechniken durchschauen.

3. Selbstbestimmte Verhaltensänderung (2 Sitzungen)

- Selbstkonzepterläuterung

- Pläne zur Verbesserung des Selbstbildes aufstellen

- Umsetzung eines kurzfristigen und längerfristigen Ziels des Plans

4. Angstbewältigung (2 Sitzungen)

- Instruktion in drei angstbewältigenden Techniken: Entspannung, Atmung, Rehearsal.

- Bewußtmachung angsterzeugender Gedankenketten und ihre Kontrolle.

5. Soziale Fertigkeiten (6 Sitzungen)

- Kommunikationsfertigkeiten.

- Schüchternheit überwinden

- Kontakte zum anderen Geschlecht

- Selbstsicherheitstraining

5. Lebenskompetenzprogramme in Deutschland

In Deutschland gibt es bisher nur sehr wenige gut evaluierte Lebenskompetenzprogramme. Zu den bekanntesten Lebenskompetenzprogrammen zählen das des Landesinstituts für Schule und Weiterbildung in Soest, Nordrhein-Westfalen, und das von Lions-Quest. Ersteres wird im folgenden kurz als NRW-Programm bezeichnet. Ausgewählte Bausteine des NRW-Programmes wurden in den letzten Jahren und werden noch immer von Forschergruppen des Sonderforschungsbereiches 227 „Prävention und Intervention im Kindes- und Jugendalter" in anspruchsvollen Längsschnittstudien evaluiert. Insbesondere sind dies Wissenschaftler/-innen der Universität Bielefeld (LEPPIN/HURRELMANN/FREITAG 1994), die die Wirksamkeit dieser NRW-Bausteine in Schulen im Raum Dortmund evaluieren, sowie Wissenschaftler der Universität Leipzig (PETERMANN ET AL.) mit entsprechenden Untersuchungen im Raum Leipzig.

Das Lions-Quest-Programm, das in den 80er Jahren in den USA entwickelt wurde, wurde in 13 Sprachen übersetzt und wird in zahlreichen Ländern eingesetzt. Quest International wurde 1975 als gemeinnützige Stiftung in den USA gegründet, seit 1984 gibt es eine enge Kooperation mit den Lions-Clubs International. Seit 1996 liegt eine an deutsche Verhältnisse angepaßte Ausgabe vor. Es gibt aber in Deutschland noch keine Veröffentlichung über eine methodisch fundierte wissenschaftliche Evaluation des Lions-Quest-Programmes, die z.B. auch das tatsächliche Substanzkonsumverhalten von am Programm teilnehmenden Schülern erfragen würde. Es liegt aber zumindest der Bericht über eine wissenschaftliche Begleitung durch HURRELMANN vor.

Daneben ist noch das von IFT-Mitarbeitern entwickelte Programm „ALF - Allgemeine Lebenskompetenzen und -fertigkeiten" zu erwähnen, das von der 5. bis zur 7. Jahrgangsstufe 22 Unterrichtseinheiten à 90 Minuten Dauer umfaßt. Es wurde im Rahmen einer vom Bundesforschungsministerium geförderten Interventionsstudie bei Schülern/ -innen zur Prävention des Substanzmißbrauchs auf der Grundlage des Lebenskompetenzkonzepts entwickelt und wird seit 1995 eingesetzt und evaluiert.

Ein augenfälliger Unterschied des ALF-Programmes zum NRW- und auch zum Lions-Quest-Programm ist, daß es über eine klar begrenzte und überschaubare Anzahl von Programmeinheiten und Übungen verfügt, während die beiden anderen genannten Programme deutlich mehr Einzelübungen beinhalten, was jedoch für Lehrkräfte eher verunsichernd wirken dürfte, da unklar ist, welche Auswahl denn nun getroffen werden soll. Auch eine wissenschaftliche Evaluation der Programmwirksamkeit bedingt eigentlich die Verwendung gleicher Bausteine durch mehrere Lehrkräfte, daher ja auch die Beschränkung der Bielefelder und Leipziger Wissenschaftler auf ausgewählte Bausteine.

6. Das ALF-Curriculum und seine Evaluation

In der Studie des IFT über das ALF-Programm werden zwei unterschiedliche ALF-Versionen evaluiert: Die erste (E_1) beinhaltet teilweise substanzspezifische Elemente wie Informationen zu Alkohol und Nikotin, die zweite (E_2) hingegen ist völlig substanzunspezifisch und enthält Informationen zu Ozon und zur Ernährung. Insgesamt erhielten im Schuljahr 1995/96 Schüler/-innen in 18 Klassen aus 9 Hauptschulen in Stadt und Landkreis München ALF-Unterricht. Ca. 470 Kinder nahmen an den Datenerhebungen per Fragebogen teil. Auch die Lehrkräfte und ca. 40% der Eltern wurden befragt. Neben den Kindern in den beiden sog. Experimentalgruppen mit ALF-Unterricht gab es noch eine Kontrollgruppe (K) mit 11 Klassen, von denen ca. 205 Kinder an den Datenerhebungen teilnahmen.

Zu Beginn und am Ende des Schuljahres wurde von Mitarbeitern des IFT allen beteiligten Kindern, die zu 90% zehn oder elf Jahre alt waren, in je zwei Schulstunden ein Fragebogen ausgeteilt. Die Kinder mit ALF-Unterricht füllten zusätzlich gegen Ende jeder ALF-Unterrichtseinheit Stundenbeurteilungsbögen aus, ebenso ihre Klassenleiter. Dies diente der summativen und formativen Programmevaluation.

Die 18 Klassenleiter wurden in der Durchführung des Curriculums ausführlich an vier vollen Tagen von IFT-Mitarbeiterinnen (eine davon war früher selbst als Lehrerin tätig) geschult.

7. Inhalte des ALF-Curriculums in Jahrgangsstufe 5

Folgende ALF-Themenbereiche wurden in der 5. Jahrgangsstufe behandelt:

- Einführung / Sich kennenlernen
- Sich wohl fühlen
- Informationen zum Rauchen (E_1) bzw. zu Ozon (E_2)
- Informationen zu Alkohol (E_1) bzw. zur Ernährung (E_2)
- Gruppendruck widerstehen
- Kommunikationsfertigkeiten und soziale Kontakte

- Selbstsicherheit

- Werbeeinflüssen widerstehen

- Entscheidungen treffen / Problemlösung

- Verbesserung des Selbstbildes

- Zusammenfassung / Freizeitgestaltung

Wichtige Aspekte des ALF-Unterrichts sind z.B. die Reduktion von Frontalunterricht und die ausgedehnte Anwendung interaktiver Unterrichtselemente wie Rollenspiele oder auch Kleingruppenübungen.

Entspannungsübungen (Phantasiereisen), das Bemühen um Einhaltung bestimmter Gruppenregeln und das Schaffen einer vertrauensvollen Atmosphäre ohne Zwang sind ebenfalls wichtige Kernelemente des ALF-Unterrichts.

Ein Ziel des Primärpräventionsprogramms lautet, daß der Einstieg in den Konsum von Zigaretten und Alkohol verhindert oder hinausgezögert wird. Wegen der gesellschaftlichen Verankerung von Alkohol soll hier den Schülern/-innen kein strenges Abstinenzgebot auferlegt werden, doch wird in jedem Fall nahegelegt, daß vor einem evtl. Konsum erst über die sozialen Hintergründe nachgedacht werden sollte, außerdem sollten sie sich klarmachen, daß Alkohol keine Probleme löst, sondern vielfach nur verschlimmert.

8. Zur Evaluation des ALF-Unterrichts

Folgende Fragen stellen sich u.a. bei der Evaluation des ALF-Unterrichts:

1. Welche Auswirkungen hat die Teilnahme an einem Lebenskompetenzprogramm?

2. Welche Bedeutung haben substanzspezifische Inhalte?

3. Wie läßt sich ein Lebenskompetenzprogramm in der Schule implementieren?

ad 1.: Auswirkungen am Ende der 5. Jahrgangsstufe

- Der Anstieg des aktuellen Rauchverhaltens konnte verhindert werden. Der Anteil derjenigen, die angaben, in den letzten 30 Tagen vor der Befragung geraucht zu haben, blieb in den Experimentalklassen konstant, während er sich in den Kontrollklassen mehr als verdoppelte.

- Es wurde kein Einfluß auf aktuelles Konsumieren von Alkohol und die Lebenszeitprävalenz illegaler Drogen festgestellt.

- Die selbst eingeschätzte soziale Kompetenz wird in den Experimentalgruppen positiver beeinflußt als in der Kontrollgruppe.

- Hinsichtlich der übrigen Moderatorvariablen zeigen sich keine Gruppenunterschiede. Dies kann z.T. mit Deckeneffekten (d.h. die Schüler/-innen weisen schon zu Beginn der 5. Klasse ein sehr günstiges Antwortverhalten auf manche Fragen auf, daß sie sich eigentlich nicht mehr verbessern können) oder auch Latenzzeiten (meßbare positive Effekte können sich erst nach einiger Zeit entwickeln) erklären.

- Fast alle Variablen zeigen deutliche Zeiteffekte im Verlauf des 5. Schuljahres. Hier spiegelt sich die entwicklungsbedingte rasante Veränderung im Denken und Empfinden der Schüler/-innen dieser Altersstufe wider.

ad 2.: Zur Notwendigkeit substanzspezifischer Curriculumsinhalte

- In der ersten Experimentalgruppe mit den substanzspezifischen Informationen im ALF-Unterricht gab es keine Klasse, die gegen Schuljahresende einen höheren Anteil an aktuellen Rauchern/-innen gehabt hätte als zu Schuljahrsbeginn. In Experimentalgruppe 2 gab es gleich viele verbesserte, verschlechterte und unveränderte Klassen. In der Kontrollgruppe gab es am meisten Verschlechterungen.

- Unter Bedingung E_1 wurde also das primärpräventive Ziel des ALF-Unterrichts, bezogen auf das aktuelle Rauchverhalten, klarer als unter E_2 erreicht. Bei der Lebenszeitprävalenz des Rauchens gab es allerdings in allen drei Gruppen im Verlauf des Schuljahres Zuwächse, aber dieses Experimentieren wurde offensichtlich in den Experimentalklassen seltener dauerhaft beibehalten.

- Bei den entsprechenden Prävalenzraten von Alkoholkonsum wurden keine signifikanten Gruppenunterschiede deutlich. Die Kontrollgruppe schnitt überraschenderweise sogar ein wenig günstiger ab.

- Die Schüler mit teilweise substanzspezifischem ALF-Unterricht bewerteten die einzelnen ALF-Stunden fast durchgängig besser als die E_2-Gruppe. Sie bewerteten die Lehrkraft in der ALF-Durchführung auch besser. Sie wollten zudem öfter im folgenden Schuljahr wieder ALF-Unterricht haben.

- Dies sind Indizien für eine Überlegenheit der E_1-Version des ALF-Curriculums. Es scheint günstiger zu sein, einige substanzspezifische Elemente umzusetzen.

ad 3.: Implementationsaspekte

- Von den Eltern der teilnehmenden Kinder wurden ca. 40% telefonisch interviewt. Sie äußerten sich dabei in der überwältigenden Mehrheit sehr positiv auf Fragen zum ALF-Unterricht wie z.B., ob dieser sinnvoll und wichtig sei oder ob er fortgesetzt und andernorts eingesetzt werden solle.

- Auch die Lehrkräfte gaben fast durchweg sehr positive Beurteilungen zu Inhalten oder auch Materialien des ALF-Curriculums ab.

- Die überwältigende Mehrheit der Schüler/-innen sprach sich für eine Fortsetzung des ALF-Unterrichts in der 6. Klasse aus und stimmten der Einschätzung der einzelnen ALF-Stunden als „super" „ziemlich" oder „völlig" zu.

- Die Kooperation mit allen beteiligten Personengruppen kann als sehr gut bewertet werden. Auch die Projektausweitung auf Gymnasien im Raum Oberbayern ab dem Schuljahr 1996/97 deutet auf eine gelungene Implementation hin, die auch in anderen Schultypen und künftig vielleicht auch über Bayern hinaus erwünscht ist.

Es bleibt zu hoffen, daß sich die positiven Interventionseffekte als zeitstabil erweisen und vielleicht sogar noch zunehmen werden.

9. Literatur:

Bangert-Drowns, R. L.: The effects of school-based substance abuse education - A meta-analysis. In: Journal of Drug Education, 18 (3), 1988, S. 243-264.

Botvin, G. J.: Substance abuse prevention research: Recent developments and future directions. In: The Journal of School Health, 56 (9), 1986, S. 369-374.

Botvin, G. J./Baker, E./Dusenbury, L./Botvin, E. M./Diaz, T.: Long-term follow-up results of a randomized drug abuse prevention trial in a white middle-class population. In: The Journal of the American Medical Association, 273 (14), 1995, S. 1106-1112.

Bruvold, W. H.: A meta-analysis of adolescent smoking prevention programs. In: American Journal of Public Health, 83 (6), 1993, S. 872-880.

Flay, B. R.: Psychosocial approaches to smoking prevention: A review of findings. In: Health Psychology, 4 (5), 1985, S. 449-488.

Hansen, W. B.: School-based substance abuse prevention: A review of the state of the art in curriculum, 1980 - 1990. In: Health Education Research, 7 (3), 1992, S. 403-430.

Hurrelmann, K./Leppin, A.: Neue Ansätze der schulischen Gesundheitsförderung. In: Public Health Forum, 8, 1995, S. 7-8.

Klepp, K.-I./Halper, A./Perry, C. L.: The efficacy of peer leaders in drug abuse prevention. In: The Journal of School Health, 56 (9), 1986, S. 407-411.

Kröger, C./Hanewinkel, R.: Prävention des Rauchens in der Schule. In: Praxis der Klinischen Verhaltensmedizin und Rehabilitation, 34, 1996, S. 134-139.

Künzel-Böhmer, J./Bühringer, G./Janik-Konecny, T.: Expertise zur Primärprävention des Substanzmißbrauchs. Baden-Baden: Nomos Verlagsgesellschaft, 1993.

Leppin, A./Hurrelmann, K./Freitag, M.: Schulische Gesundheitsförderung im Kontext von Klassenklima und sozialem Rückhalt durch die Lehrer. In: Zeitschrift für Pädagogik, 6, 1994, S. 871-889.

Norman, E./Turner, S.: Adolescent substance abuse prevention programs: Theories, models, and research in the encouraging 80's. In: The Journal of Primary Prevention, 14 (1), 1993, S. 3-20.

Tobler, N. S.: Meta-analysis of 143 adolescent drug prevention programs: Quantitative outcome results of program participants compared to a control or comparison group. In: Journal of Drug Issues, 1986, S. 537-567.

WHO - Division of Mental Health: Life Skills Education in Schools. Genf, 1994.

Rudolf Lumpp

Punktabstinenz durch Belohnung bei jugendlichen Rauchern - Projektbericht über einen neuen Ansatz im Bereich der sekundären Prävention

Die Anregung zu diesem Projekt erhielt der Autor durch zwei Artikel in den Badischen Neuesten Nachrichten von April und Mai 1997, in denen beschrieben wurde, wie durch materielle Belohnung bereits verfestigte Suchtmuster bei Jugendlichen aufgebrochen werden können. Was aus diesen Artikeln verständlicherweise nicht hervorging, war der theoretische Hintergrund, der erklärt, warum eine Belohnung bereits verfestigte Suchtstrukturen aufzubrechen in der Lage ist. Ein weiterer Aspekt zur Durchführung des Projektes war die Tatsache, daß der Bereich der Primärprävention theoretisch wie auch praktisch bereits sehr gut strukturiert ist. Übereinstimmend werden jedoch immer wieder die Schwierigkeiten beschrieben, bereits vorhandene Muster gerade bei jugendlichen Suchtmittelkonsumenten zu verändern. Hierzu nun einige Überlegungen und Fragestellungen.

Wichtigster Ansatz bei Präventionsprogrammen ist die Persönlichkeit eines Menschen als erstrangiger und beeinflußbarer Faktor, der ein effektives präventives Vorgehen erlaubt. Nicht die Suchtmittel und die Erscheinungsformen süchtigen Verhaltens stehen im Vordergrund, sondern die Entstehungsbedingungen, die zu einem süchtigen Verhalten führen, sind primäres Betätigungsfeld für eine sinnvolle Prävention. Präventionsprogramme müssen zielgruppenorientiert sein und auf die jeweilige Gruppe hin spezifiziert werden. Für alle Fachleute, die sich im Bereich des Suchtmittelge- oder –mißbrauches bewegen, war es immer ein Anliegen, Wirkungsmechanismen, Ursachen und Hintergründe süchtigen Verhaltens zu ergründen. Insbesondere folgende Tatsachen wie sich daraus ergebende Fragen sind dabei von Interesse:

1. In jeder Persönlichkeitsstruktur finden sich süchtige Anteile. Warum können manche Menschen damit umgehen und andere nicht?

2. Kulturadäquate psychoaktive Substanzen (Alkohol und Nikotin) werden von fast der gesamten Bevölkerung konsumiert. Warum finden sich bei 5 % der Bevölkerung pathologische Konsummuster, warum können mehr als 90 % mehr oder weniger damit umgehen?

3. Psychoaktive Substanzen haben für den Einzelnen kurzfristig eine <u>positive</u> Wirkung. Welche Persönlichkeitsvariablen sind verantwortlich für die Fähigkeit eines adäquaten Umgangs?

4. Die Forschung belegt, daß eine gewisse Anzahl pathologischer Konsumenten es ohne fachliche Hilfe schafft, Abstinenz zu erreichen oder gar zu halten. Warum kann dies geleistet werden?

5. Unter gewissen Bedingungen können sowohl pathologische wie nicht pathologische Konsumenten zumindest zeitlich begrenzt ihren Konsum reduzieren oder einstellen. Folgende Fragen sind dabei besonders interessant:

   - Warum erreichen viele Frauen in der Schwangerschaft Abstinenz?

   - Warum entschließen sich pathologische Trinker dann zu Entwöhnungsmaßnahmen, wenn schwere gesundheitliche Schäden oder gar Tod drohen?

6. Warum fällt es gerade bei jugendlichen Einsteigern so schwer, beginnende Suchtmuster zu durchbrechen? (insbesondere diese Fragestellung war beim vorliegenden Projekt von Bedeutung)

Zum Suchtverhalten:

Um auf diese oder andere Fragen plausible Antworten zu finden, müssen wir überlegen, welche Funktionen psychoaktive Substanzen für den Konsumenten haben. Eindeutig belegt ist, daß psychoaktive Substanzen dazu verwendet werden, um Befindlichkeiten zu regulieren. Daraus kann dann möglicherweise eine Sucht entstehen. Die Schwierigkeit beim Umgang mit dem Suchtbegriff besteht darin, daß dieser in der Gesamtheit seiner Auswirkungen schwer zu definieren ist. Wir sprechen hier von einem sogenannten „Konstruktbegriff", der nur annäherungsweise in Form inhaltstreuer Paradigmen dargestellt werden kann.

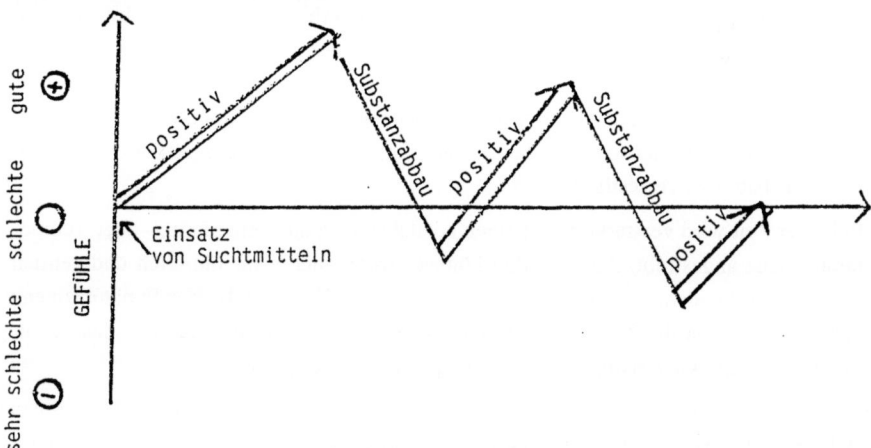

Durch psychoaktive Substanzen können als unangenehm erlebte Zustände wie Wut, Streß, Frustration, Langeweile etc. durch die Wirkung des Stoffes kurzfristig in angenehme Zustände überführt werden. Die Befindlichkeit geht also tatsächlich nach oben. Durch den physiologischen Abbau des psychotropen Stoffes wird dieser Effekt aufgehoben, so daß aufgrund dieses inadäquaten Problemlöseverhaltens die Emotionalität noch ein Stück tiefer sinkt. Wird auf diese Weise 10-, 100- oder 1000-fach versucht, Emotionalität zu verändern, so kann es, bedingt durch einen Lernprozeß, zur Ausprägung eines pathologischen Suchtverhaltens kommen, wobei einerseits kurzfristig immer eine Gefühlsverbesserung eintritt, es aber langfristig zu Chronifizierungs- und Desintegrationsprozessen kommt. Insbesondere die sozialkognitive Lerntheorie von BANDURA liefert einen sehr dichten Erklärungsansatz, der allgemein in der Lage ist, die Entstehung von Suchtverhalten zu durchleuchten. Bandura schreibt: „Es ist eine ständige Wechselbeziehung individueller und umweltbestimmter Einflußgrößen, die menschliche Funktionsweisen im sozialen Kontext festlegt". Die sozialkognitive Lerntheorie versucht aufzuzeigen, daß Verhalten, ebenso wie Fehlverhalten, das der einzelne Mensch zeigt, keine Zufallserscheinungen sind, sondern von ihm selbst bewußt gewählt wurden.

Zusammengefaßt: Suchtmittel werden konsumiert, und die Gefahr eines pathologischen Konsums ist dann besonders hoch, wenn immer wieder die angenehme Wirkung eines Mittels verspürt und zur Befindlichkeitsregulierung eingesetzt wird (Es wäre unsinnig anzunehmen, daß Menschen über Jahre hinweg ein Mittel konsumieren, das ihnen nur negative Erlebnisse bringt). Somit ist Sucht nicht eine Krankheit im klassischen somatischen Sinn, sondern hat für den Betroffenen durchaus angenehme Aspekte. Fachleute sprechen vom positiven Paradigma eines Mittels. Gerade diese Ambivalenz des Suchtmittelge- oder –mißbrauches verhindert präventive Intervention im Frühstadium einer möglichen Krankheit. Wichtiges Ziel dieses Projektes war es nun, gerade am Anfang einer sich möglicherweise entwickelnden Sucht die bereits bestehenden Suchtmuster zu durchbrechen. Die große Klage aller Fachleute lautet: „Warum kann man meistens erst dann eingreifen, wenn sich bereits pathologische Muster aufgebaut und verfestigt haben?".

In letzter Zeit wird verstärkt neben einer Totalabstinenz auch eine Punkt- oder Temporärabstinenz angestrebt. Auch hierbei können, wenn auch zwar räumlich und zeitlich begrenzt, vorhandene Suchtmuster verändert werden. Was Total- oder Punktabstinenz gemeinsam ist, ist die Tatsache, daß der Einzelne etwas hergibt (hier also das Suchtmittel), was ihm kurzfristig durchaus angenehm und wichtig ist.

Bereits in den 40er Jahren wurden in verschiedenen wissenschaftlichen Disziplinen Balance- oder Austauschtheorien aufgestellt und verifiziert (NEWCOMB). Die gemeinsame Aussage all dieser Theorien lautet: „Personen oder Systeme neigen dazu, sich kognitiv, emotional und somatisch in ausgeglichenem Zustand zu halten. Übertragen auf den emotionalen Zustand eines Menschen heißt das: Wer sich in einem schlechten emotionalen Zustand befindet, will sich positive Gefühle verschaffen, um so in eine Balance zu kommen." Dies kann man hervorragend mit psychoaktiven Substanzen, indem man emotionale Disharmonien ausbalanciert. Häufig ist die Gefährdung bei denjenigen Personen besonders hoch, die nicht gelernt haben, ihre emotionale Situation mit adäquaten Mechanismen in den Griff zu bekommen. Für diesen Personenkreis bieten sich Suchtmittel geradezu an. Ein solcher Personenkreis war Zielgruppe für dieses Projekt. Daß Mitglieder einer Schulklasse ausgewählt wurden, war eher zufällig. Lehrlinge oder andere homogene Gruppierungen von Jugendlichen könnten ebenso Zielgruppe für einen solchen präventiven Ansatz sein.

Implikationen für die Punktabstinenz

Für die Zeit der Abstinenz (hier Punkt- oder Temporärabstinenz) lebt der Betreffende also ohne seinen Gefühlsverbesserer, den er bis dato in dieser Situation immer genutzt hat. Dies bedeutet konkret, er muß für einen gewissen Zeitpunkt und an einem gewissen Ort seine Gefühlsverbesserer hergeben, also etwas, das für ihn wichtig und wertvoll ist. In der Suchtforschung spricht man vom positiven Paradigma des Suchtmittels. Das Mittel ist also nicht, wie es oft laienhaft gesehen wird, etwas Negatives für den Konsumenten, sondern durchaus positiv (MARLATT). Austauschtheoretisch stellt sich nun die Frage, was bekommt er dafür? Gesundheit, Energie, soziale Reintegration, positives familiäres Klima, aber auch persönlicher Stolz und erhöhtes Selbstwertgefühl sind die Belohnungsfaktoren, die Abstinenz positiv verstärken. Die Wahrnehmung des Äquivalentes für das angegebene Suchtmittel ist somit notwendige Voraussetzung zur Einhaltung der Abstinenz. Dieses Äquivalent, also die Alternative zum Suchtmittel, ist für einen Erwachsenen leichter wahrzunehmen, und somit ist seine Verhaltensänderung leichter zu leisten. Wichtige Voraussetzung bei diesem Projekt war, daß gerade bei Jugendlichen Äquivalente wie Gesundheit, Arbeitsplatz, Reintegration, Energie etc. nicht als Belohnungs- oder Verstärkungsfaktoren greifen, da bei jugendlichen Konsumenten hier noch keine Defizite aufgetreten sind, d.h. der jugendliche Konsument ist noch nicht krank oder fürchtet um seine Gesundheit. Folglich ist es austauschtheoretisch sehr schwierig, ein anderes Äquivalent einzusetzen.

Es mußte also eine Alternative gefunden werden, die für den Jugendlichen einen genau so hohen Stellenwert hat wie die angenehme Wirkung seines konsumierten Mittels. Erst wenn der Stellenwert des Belohnungsinstrumentes dem Stellenwert des Suchtmittels entspricht, ist eine Alternative vorhanden, und das Suchtverhalten wird möglicherweise aufgegeben.

Zur Durchführung des Projektes

Ausgewählt wurde eine Schulklasse des einjährigen hauswirtschaftlichen Berufsjahres an der Käthe-Kollwitz-Schule in Bruchsal. Kriterien waren dabei folgende: Alle Mitglieder dieser Klasse befinden sich in einer sozial benachteiligten Situation (schlechter Hauptschulabschluß, keine Lehrstelle, niedriger sozialer Status auch innerhalb der Gesamtstichprobe der Gleichaltrigen).

Von 16 Mitgliedern der Klasse waren 15 (alles Mädchen) für ihr Alter starke Raucher. Der durchschnittliche Zigarettenkonsum in dieser Klasse betrug 16 Zigaretten pro Tag. Die Varianz lag dabei zwischen 11 und 24 Zigaretten täglich. Bei einem solchen Konsum, bezogen auf das Alter der Jugendlichen, kann man bereits von verfestigten Suchtmustern sprechen. Da bekannt ist, daß Nikotin Haupteinstiegsmittel in eine mögliche spätere Suchtkarriere darstellt, konnte also davon ausgegangen werden, daß bei dieser Zielgruppe ein hoher Gefährdungsgrad vorlag oder vorliegt.

In einer dreistündigen Einführung wurden der Klasse Begriffe wie „Sucht" und „Suchtverhalten" zunächst nahegebracht. Dabei wurde erläutert, warum es schwerfällt, auf Suchtmittel zu verzichten. Danach wurde über einen Fragebogen (Anhang 1) erhoben, in welchen Situationen es den Betreffenden besonders schwer oder leicht fällt, auf das Rauchen zu verzichten. Wichtiges Ergebnis dieser Erhebung war, daß Faktoren wie „Streß, Langeweile und Frust" den Hauptantrieb darstellen, nach der Zigarette zu greifen. Interessant war auch die Feststellung, daß offenbar die Schulglocke als Konditionierungsfaktor wirkt, so daß die Verbindung „Gong – Zigarette" schon beinahe automatisiert erschien. Gerade solche Konditionierungseffekte sind schwer zu durchbrechen.

Jeder Schüler füllte sodann einen Vertrag (Anhang 3) aus, in dem er sich verpflichtete, 6 Wochen während der Schulzeit auf Zigaretten zu verzichten. Totalabstinenz war wegen mangelnder Kontrollmöglichkeit nicht Ziel des Projektes. Der durchschnittliche Zigarettenkonsum pro Tag während der Schulzeit lag zwischen 3 und 8 Zigaretten. Trotz der Einzelverträge mit jedem Schüler war es doch Ziel dieses Projektes, daß die Klasse als Gruppe die 6-wöchige Punktabstinenz einhalten mußte. Gruppenleistung statt Individualleistung war also hier vorrangiges Ziel. Würde es die Klasse schaffen, 6 Wochen Abstinenz einzuhalten, so würde sie eine Geldbelohnung in Höhe von 1.500,- DM erhalten, an die jedoch folgende Bedingung geknüpft war: Das Geld wurde weder individuell noch bar ausbezahlt. Zur Halbzeit des Projektes mußte sich die Klasse Gedanken machen, wie sie diesen Betrag einsetzt, um eine Gruppenfahrt zu organisieren. Dabei wurden zunächst Vorschläge gemacht, die dann gegen Ende des Projektes darauf hinausliefen, eine Klassenfahrt in den Erlebnispark nach Rust zu unternehmen. Somit war das Gruppenerlebnis Teil dieses Projektes.

128

Zur Kontrolle der Punktabstinenz

Erster Kontrollfaktor waren die Mitglieder der Gruppe unter sich. Nicht der Einzelne oder das Individuum war also primär Zielgruppe dieses Projektes, sondern die Klasse als Gruppe insgesamt sollte in ihrem Verhalten modifiziert werden. Gruppenkontingenz und Kontrolle waren also hier von großer Bedeutung. Jeder achtete auf den anderen und ermutigte oder ermahnte ihn Abstinenz einzuhalten, um das Projekt nicht zu gefährden. Die Lehrer dieser Klasse, die über das Projekt informiert waren, überwachten die Einhaltung der Regeln. Im Laufe des Projektes ergab sich ein weiterer wesentlicher Kontrollfaktor, der vor Beginn noch nicht erkennbar war. Da das Projekt allmählich an der Schule bekannt wurde und einige Schüler verwundert darauf reagierten, warum denn gerade diese Klasse nicht mehr raucht, beobachteten viele nicht beteiligte Schüler die am Projekt Beteiligten und wurden somit zu einem wesentlichen Kontrollfaktor.

Wöchentlich fanden Gespräche mit dem Schulsozialarbeiter oder dem Initiator des Projektes statt, die meist in der großen Pause durchgeführt wurden. Somit wurde das Projekt pädagogisch begleitet. Nach drei Wochen wurde ein erstes Fazit gezogen, was zum damaligen Zeitpunkt recht positiv ausfiel. Das Projekt wurde ergänzend durch eine Fragebogenerhebung vorher und nachher (Anhang 1 und 2) evaluiert.

Zusammenfassung und Ergebnis

Ziel war es, 15 jugendliche Raucher, die bereits verfestigte Suchtmuster aufwiesen, durch eine Punktabstinenz erlernen zu lassen, eingefahrene Wege zu verlassen, um somit eine Kompetenzerweiterung und eine verbesserte Verhaltenssteuerung zu erreichen. Positive Gruppeneffekte sowie die Erhöhung des individuellen Selbstwertgefühls, was bei dieser Klientel per se nicht hoch ausgeprägt ist, sollten angestrebt werden.

<u>Alle 15 an dem Projekt beteiligten Mädchen schafften es, über 6 Wochen Punktabstinenz einzuhalten.</u> Das Ziel dieses Projektes war damit voll erreicht. 5 Mädchen der Gruppe berichteten, daß sie weiterhin im schulischen Bereich Punktabstinenz einhalten wollen. 2 Mädchen der Gruppe gaben während dieses Versuches das Rauchen ganz auf, kamen also in eine Totalabstinenz. Bei der Befragung zum Abschluß ergab sich, daß es für alle Beteiligten eine neue, sehr positive Erfahrung darstellte, indem sie es tatsächlich schafften, aus Gewohnheiten oder gar Abhängigkeiten auszusteigen. Stolz und erhöhtes Selbstwertgefühl waren bei allen Beteiligten deutlich erkennbar. Die Erfahrung, daß sie es tatsächlich schafften, an einem gewissen Ort für eine gewisse Zeit abstinent zu leben, wird sie weiter begleiten, so daß ihnen zukünftig positive Verhal-

tensänderung oder Gegensteuern gegen Suchtverhalten aufgrund dieser Erfahrung leichter fallen wird.

Literaturhinweise

Bandura, A.: Sozial-kognitive Lerntheorie, Stuttgart 1979.

Gage/Berliner: Pädagogische Psychologie, Weinheim 1986.

Marlatt, G.A.: Kontrolliertes Trinken: Hintergrund. Wie in der Zeitschrift für Suchtforschung, 1987.

Marlatt, G.A.: Rückfallprävention: Modell, Ziele und Stadien der Verhaltensänderung. In: Watzl, H./Kohen, R. (Hrsg.): Rückfall und Rückfallprophylaxe, Berlin 1989, S. 16-28.

Newcomb, T.M.: Personality and social change, New York 1943.

Petry: Alkoholismustherapie, Weinheim 1993.

Fragebogen - vorher

1. Ich meine, das Nichtrauchen während der Schulzeit wird mir schwerfallen.

   stimmt *1*   weiß nicht *11*   stimmt nicht *2*

2. Ich habe in den Pausen gerne geraucht.

   stimmt *13*   weiß nicht *1*   stimmt nicht –

3. Schon kurz vor den Pausen denke ich ans Rauchen.

   stimmt *9*   weiß nicht *2*   stimmt nicht *3*

4. Ich habe es schon mal längere Zeit geschafft, nicht zu rauchen (mehr als 1 Tag).

   stimmt *12*   weiß nicht –   stimmt nicht *2*

5. Manchmal frage ich mich, warum es mir schwerfällt, mit dem Rauchen aufzuhören.

   stimmt *10*   weiß nicht *2*   stimmt nicht *2*

6. Auf jede Zigarette, die ich nicht rauche, bin ich stolz.

   stimmt *8*   weiß nicht *4*   stimmt nicht *2*

7. Mit Suchtmitteln (auch Zigaretten) kann man sich kurzfristig besser fühlen.

   stimmt *8*   weiß nicht *3*   stimmt nicht *3*

8. In der Gruppe gemeinsam zu verzichten, fällt mir leichter.

   stimmt *9*   weiß nicht *3*   stimmt nicht *2*

9. Daß wir fürs Nichtrauchen während der Schulzeit belohnt werden, wird mithelfen, das Nichtrauchen durchzuhalten.

stimmt *11*   weiß nicht   *1*   stimmt nicht   *2*

10. Situationen, in denen es mir leichtfällt, nicht zu rauchen.

Punkt 1:

Punkt 2:

Punkt 3:   *- siehe Anlage 1 -*

Punkt 4:

Punkt 5:

11. Situationen, in denen es mir schwerfällt, nicht zu rauchen.

Punkt 1:

Punkt 2:

Punkt 3:   *- siehe Anlage 1 -*

Punkt 4:

Punkt 5:

12. Mein täglicher Konsum beträgt derzeit .... Zigaretten.

- siehe Anlage 1 -

zu Frage 10

Situationen, in denen es mir **leichtfällt**, nicht zu rauchen:

zu Hause	10
wenn ich einen spannenden Film ansehe (Kino usw.)	7
wenn ich eine Beschäftigung habe	6
wenn ich (schwer) krank bin	5
Unterricht	3
unterwegs	3
bei der Oma	2
wenn ich gut drauf bin	2
in der Schule	1
wenn ich glücklich bin	1
wenn ich bei Verwandten bin	1
wenn mir nicht langweilig ist	1
bei spannenden Diskussionen	1
beim Einkaufen	1
beim Putzen/Aufräumen	1

zu Frage 11

Situationen, in denen es mir **schwerfällt**, nicht zu rauchen:

Streß	10
in der Clique, mit Freunden	9
aus Langeweile	8
wenn ich Streit habe (z.B. in der Familie)	5
wenn ich nervös bin	5
wenn ich in einer Gaststätte (oder Disco) sitze	4
wenn ich auf der Straße laufe	3
wenn wir etwas trinken gehen	2
wenn ich keine Zigaretten und kein Feuer habe	2
in den Pausen	2
Aufregung	2
nach dem Sex	2
Probleme	1
Liebeskummer	1
nach dem Essen	1
wenn nichts gutes im Fernsehen läuft	1
wenn ich nichts besseres zu tun habe	1

zu Frage 12

insgesamt 195 : 14 = 14 durchschnittlich

Fragebogen - nachher

1. Das Nichtrauchen während der Schulzeit ist mir schwergefallen.

   stimmt   *5*   weiß nicht   *2*   stimmt nicht   *7*

2. Manchmal war es leichter, manchmal schwerer nicht zu rauchen.

   stimmt   *11*   weiß nicht   *1*   stimmt nicht   *2*

3. Wer etwas leistet, der soll auch belohnt werden.

   stimmt   *12*   weiß nicht   *2*   stimmt nicht   –

4. Während der Schulzeit nicht zu rauchen, war für mich eine Leistung.

   stimmt   *10*   weiß nicht   *4*   stimmt nicht   –

5. Daß wir gemeinsam nicht rauchten (Schule), machte es mir leichter.

   stimmt   *13*   weiß nicht   *1*   stimmt nicht   –

6. Ich bin stolz, daß ich die 6 Wochen durchgehalten habe.

   stimmt   *14*   weiß nicht   –   stimmt nicht   –

7. Vielleicht haben uns andere Mitschüler bewundert.

   stimmt   *4*   weiß nicht   *9*   stimmt nicht   *1*

8. Meine Einstellung zum Rauchen hat sich etwas geändert.

   stimmt   *5*   weiß nicht   *2*   stimmt nicht   *7*

9. Ich bemühe mich weiter, während der Schulzeit nicht zu rauchen.

stimmt   *2*   weiß nicht   *8*   stimmt nicht   *4*

10. Ich will mit dem Rauchen ganz aufhören.

stimmt   *3*   weiß nicht   *5*   stimmt nicht   *6*

11. Dieses Projekt sollte man auch in anderen Klassen durchführen.

stimmt   *8*   weiß nicht   *6*   stimmt nicht   –

12. Man sollte Rauchen in der Schule allgemein abschaffen.

stimmt   *2*   weiß nicht   *5*   stimmt nicht   *7*

Was mir beim Nichtrauchen in der Schulzeit besonders auffiel:

– siehe Anlage 2 –

Meine persönliche Meinung zu diesem Projekt:

– siehe Anlage 2 –

Was ich daraus gelernt habe:

– siehe Anlage 2 –

Was mir beim Nichtrauchen in der Schule besonders auffiel:

Ich habe Kaugummi gekaut, Schokolade oder anderes Süßes gegessen	11
Ich war nervöser	3
Ich habe zuhause mehr geraucht	1
Ich bin in den Pausen nicht rausgegangen	2

Meine persönliche Meinung zu diesem Projekt:

Ich fand es ganz toll	8
Es sollte auch in anderen Klassen und Schulen gemacht werden	3
Die Belohnung ist gut, dadurch habe ich durchgehalten	1
Ich denke, es hat uns was geholfen	2
Es war eine neue Erfahrung	3
Es wäre besser, den ganzen Tag nicht zu rauchen	1
Das Projekt war ganz interessant	1
Ich habe weniger Geld ausgegeben	1
Das Projekt war o.k.	1

Was ich daraus gelernt habe:

Daß man in der Schule nicht unbedingt rauchen muß	4
Ich könnte das Rauchen mehr einschränken	3
Daß ich es auch für längere Zeit ohne Rauchen aushalte	4
Daß Rauchen Ekel erregen kann	1
Daß ich alles erreichen kann	1

Vertrag

Ich, ... verpflichte mich, in der Zeit von
.... bis .... während der Schulzeit nicht zu rauchen.
Dieses Nichtrauchergebot gilt für die Anwesenheit innerhalb des Schulgebäudes.
Außer während Hohlstunden, verpflichte ich mich im Schulgebäude zu bleiben.

Die Belohnung wird bei erfolgreicher Durchführung der Gruppe überreicht.

....
Unterschrift

Udo Schneider

Zur Neuropsychologie der Alkoholabhängigkeit

Neuropsychologie als integrative kognitive Wissenschaft zu patho-physiologischen Modellvorstellungen der Alkoholabhängigkeit

Frankfurt/M., Berlin, Bern, New York, Paris, Wien, 1999.
260 S., 16 Abb., 14 Tab.
ISBN 3-631-34070-2 · br. DM 79.–*

Neuropsychologie als integrative kognitive Wissenschaft zu pathophysiologischen Modellvorstellungen dient der Erklärung psychischer Erkrankungen. Mit bildgebenden Verfahren werden in zunehmendem Maße topologische Zuordnungen mit strukturellen, biochemischen und pharmakologischen Ansätzen in Verbindung gebracht. In der Arbeit wird diese Synopsis im Hinblick auf das grundlegende psychiatrische Problem der Alkoholabhängigkeit in einer gegenwärtig aktuellen Bilanz dargestellt und eigene Ergebnisse auf dem Gebiet der psychologischen und psychiatrischen Alkoholismusforschung einbezogen.

Aus dem Inhalt: Klinik des Alkoholismus · Darstellung verschiedener Suchtmodelle · Akute und chronische Wirkung von Alkohol auf das zentrale Nervensystem

Frankfurt/M · Berlin · Bern · New York · Paris · Wien
Auslieferung: Verlag Peter Lang AG
Jupiterstr. 15, CH-3000 Bern 15
Telefax (004131) 9402131
*inklusive Mehrwertsteuer
Preisänderungen vorbehalten